L'hégélianisme et son destin français

Eric Puisais

L'hégélianisme et son destin français

L'HARMATTAN

5-7, rue de l'École-Polytechnique ; 75005 Paris

http://www.librairieharmattan.com
diffusion.harmattan@wanadoo.fr
harmattan1@wanadoo.fr

ISBN : 978-2-296-96378-8
EAN : 9782296963788

À Emma et Justine

Tous mes remerciements vont à Élise de Taillac et Emmanuel Chubilleau pour leurs conseils, leurs relectures et... leur patience...

1. Généralités

La réception de la philosophie hégélienne en France

Poser le problème

La légitimité de l'histoire de la philosophie se trouve périodiquement remise en cause. Comme l'expliquait, en son temps, Martial Guéroult, « ce doute, pour l'essentiel, s'inspire à peu près toujours des mêmes sentiments : sentiment naïf que la philosophie est comme la science, et que, la seule science valable étant la plus récente, la seule philosophie valable doit être aussi la plus récente ; sentiment naïf que, puisqu'elle sort de l'acte libre d'une réflexion autonome, plus ou moins géniale, toute philosophie n'est possible que par le reniement, voire l'ignorance, des doctrines passées. »[1]

Pourtant, la philosophie possède une histoire. C'est là un fait. On peut bien avoir le sentiment, plus ou moins naïf – car je ne crois pas qu'il y ait dans le reniement de l'histoire, ou dans la manière dont elle est congédiée, du moins aujourd'hui, une seule posture naïve. On peut bien avoir, donc, l'idée que, malgré le fait de l'histoire, malgré l'existence *de facto* d'une his-

1 M. Guéroult, « Le Problème de la légitimité de l'histoire de la philosophie », in *La Philosophie de l'histoire de la philosophie*, Paris, Vrin, 1956, p. 45.

toire de la philosophie, se pose la question de sa légitimité. Quelle que soit, par ailleurs, l'attitude que l'on adopte à son égard, et quelle que soit, finalement, la réponse même à la question de sa légitimité, il faut bien reconnaître l'indissolubilité de la philosophie et de son histoire ; car cette histoire est toujours en même temps et d'abord philosophie et pas seulement histoire : « l'intérêt qui la soutient étant celui de la philosophie et non celui de l'histoire »[2] Or, c'est précisément l'intérêt porté philosophiquement aux doctrines passées qui fonde la valeur toujours actuelle des objets mêmes de cette histoire.

Mais alors, la polémique peut s'installer – et, là aussi, sans même se demander si elle est légitime, il faut bien admettre qu'elle s'installe de fait. Comment est-on susceptible, aujourd'hui, de retrouver dans l'histoire l'unité de la pensée philosophique ?

En effet, la diversité des doctrines, leurs oppositions, leurs contradictions parfois, peut nous inciter soit à avoir ce sentiment naïf, dont parlait Guéroult, que la dernière qui a parlé a raison, soit de considérer que cette diversité nous éloigne de tout progrès dans l'histoire de la philosophie, nous amène à considérer que toute forme de vérité est relative, que chacune de ses expressions est, au fond, aussi valide que les autres. On peut devenir sceptique ou éclectique. On peut encore voir dans les philosophies passées des « objets partiels », que l'on peut, légitimement, utiliser pour soi, partiellement et à sa guise, selon ses besoins et ses préoccupations. On peut encore les considérer comme des éléments appartenant à une espèce de « boîte à outils » philosophique dans laquelle on range soigneusement des concepts que l'on pourra ressortir au moment opportun.

On peut aussi – et cela apporte également, j'y consens volontiers, son lot de problèmes – considérer qu'il y a de la raison dans l'histoire, que l'histoire est susceptible d'être saisie par la raison philosophique. Parmi les problèmes que cette conception peut poser, il faut en éliminer un d'emblée. On a pu parfois envisager cette idée hégélienne de la raison dans l'histoire comme une forme particulière, et particulièrement subtile de

2 *Id.* p. 47.

déterminisme. Ôtons-nous, une fois pour toutes, cette idée fausse, cette idée reçue. La rationalité de l'histoire, pour Hegel, n'est pas un donné, elle advient. Elle est le résultat de l'étude approfondie de l'histoire universelle et ne peut en aucun cas constituer son point de départ. La rationalité de l'histoire, en d'autres termes, n'est pas *a priori*.

« De l'étude de l'histoire universelle même, dit Hegel, doit résulter que tout s'y est passé rationnellement, qu'elle a été la marche rationnelle, nécessaire de l'esprit universel, esprit dont certes la nature est toujours identique, mais qui développe cette nature qui est la sienne dans la vie de l'univers. Tel doit être, comme il a été dit, le résultat de l'histoire. »[3]

Ce *résultat* de l'histoire qui en montre le développement rationnel n'implique pas toutefois, comme il a été trop souvent avancé, que l'histoire est *finie*. Cela implique, en revanche, qu'à chaque moment, à chaque présent nouveau, nous ayons pour tâche philosophique de regarder cette histoire et d'en saisir, d'en comprendre la rationalité. Il y a donc là une tâche perpétuelle pour la philosophie, puisque chaque moment saisit selon son propre développement les moments passés de ce développement même ; c'est ce qui explique, par exemple, que la conception que l'on se faisait de l'Antiquité au siècle des Lumières diffère très largement de celle que nous avons aujourd'hui, bien que l'Antiquité elle-même comme moment de l'histoire soit restée identique à elle-même. Le passé reste le passé, mais la manière de nous en saisir varie selon l'époque, c'est ce qui donne non pas à l'histoire elle-même, qui demeure immuablement elle-même, mais à la philosophie de l'histoire sa dimension toujours actuelle, en progrès et même en devenir.

Cette compréhension de la rationalité interne de l'histoire ne peut, en tous les cas, qu'arriver trop tard. Il ne s'agit pas de spéculer sur l'avenir, de prophétiser. La chouette de Minerve, on le sait, ne prend son envol qu'à la tombée de la nuit.

On a vu là, encore une fois, une image qu'on a mal interprétée. Et, de ce point de vue, on a même parfois fait jouer Hegel contre lui-même. Ainsi Lukács, dans son bel ouvrage sur *Le*

3 Hegel, *Leçons sur la philosophie de l'histoire*, trad. Gibelin, Paris, Vrin, 1987, p. 23.

Jeune Hegel, rappelle-t-il qu'à ses débuts, dans la *Phénoménologie de l'esprit* Hegel avait prétendu :

« Du reste, il n'est pas difficile de voir que notre temps est un temps de gestation et de transmission à une nouvelle période ; l'esprit a rompu avec le monde de son être-là et de la représentation qui a duré jusqu'à maintenant ; il est sur le point d'enfouir ce monde dans le passé, et il est dans le travail de sa propre transformation. En vérité l'esprit ne se trouve jamais dans un état de repos, mais il est toujours emporté dans un mouvement toujours progressif ; seulement il en est ici comme dans le cas de l'enfant ; après une longue et silencieuse nutrition, la première respiration, dans un saut qualitatif, interrompt brusquement la continuité de la croissance seulement quantitative, et c'est alors que l'enfant est né. »[4]

Mais dans le même ouvrage Hegel signale aussi que « la naissance des enfants est la mort des parents ». Pas de crépuscule sans aurore ! Hegel, ici, ne retire pas, dans sa vieillesse, la tâche qu'il avait brillamment assignée à la philosophie dans sa jeunesse. Il ne signe pas, selon la belle expression de Jacques D'Hondt « un simple post-scriptum de l'histoire. »[5] Comme l'affirme encore J. D'Hondt dans son *Hegel philosophe de l'histoire vivante* : « Les paroles prospectives de la *Phénoménologie* ne désavouent pas à l'avance les oraisons crépusculaires de la *Philosophie du droit*. Les premières, si elles constatent une naissance, n'en revendiquent pas la paternité, et les secondes, en pleurant un mort, ne mettent pas son héritage sous séquestre. Elles se complètent pour exprimer la doctrine constante de Hegel : à la vie succède la mort, dans une alternance indéfiniment répétée. Dans la mort des civilisations, la philosophie officie d'une manière irremplaçable. »[6]

Dès lors, l'hégélianisme devait-il échapper à Hegel ? Ou plutôt Hegel, le destin de la philosophie de Hegel, pouvait-il échapper à la conception hégélienne de l'histoire ? Quelle mort succéderait à la vie même de la philosophie de Hegel ? Quelle naissance pouvions-nous espérer ?

4 Hegel, *Phénoménologie de l'esprit*, trad. Hyppolite, t. I., p. 12.

5 Jacques D'Hondt, *Hegel philosophe de l'histoire vivante*, P.U.F., 1966, p. 152.

6 *Id.* p. 155.

Alexandre Koyré, dans son célèbre rapport sur l'état des études hégéliennes en France au *Hegel Congresses* de La Haye en 1831, parle d'une « défection de la pensée philosophique française pour le système hégélien »[7].

Koyré décèle des symptômes de cette « défection ». Le premier, c'est la difficulté de compréhension. On peut bien s'accorder en cela du moins avec Koyré, et chacun, à sa manière l'aura éprouvé : la langue de Hegel n'est pas aisée à saisir en français – car les traductions sont toujours plus ou moins des trahisons, comme on le sait – mais elle n'est pas non plus aisée à saisir en allemand !

Koyré cite, à juste titre, l'article que Lucien Herr consacre à Hegel dans *La Grande Encyclopédie* : « La terminologie hégélienne, dit Herr, lui appartient en propre (...), elle ne contient peut-être pas un seul terme technique qui ait son équivalent exact dans la langue abstraite de la philosophie française et elle doit ce caractère individuel et concret au procédé sentimental et imaginatif de la pensée dont elle est la fidèle expression. »[8]

Je ne sais pas si Hegel aurait aimé qu'on lui fasse ainsi remarquer cette appartenance « en propre ». On raconte cette anecdote – je n'ai jamais pu la vérifier... – à la sortie d'un opéra, une jeune actrice rencontrant Hegel et désireuse de le flatter, sans probablement l'avoir jamais lu, lui dit « Votre système, Monsieur, est si personnel » ; Hegel lui aurait répondu que ce qu'il y a de plus personnel dans son système, c'est justement ce qu'il y a de moins vrai !

Quoi qu'il en soit, admettons avec Lucien Herr qu'il y a des difficultés propres à la langue hégélienne. Heine nous donne une version personnelle en guise d'explication : « Pour dire la vérité, avance-t-il dans son *De l'Allemagne*, j'ai rarement compris ce pauvre Hegel, et ce n'est que par des réflexions arrivées après coup que je parvins à saisir le sens de ses paroles. Je crois même qu'il ne voulait pas être compris du tout, et que c'est pour cela qu'il avait adopté un langage si morose et si entor-

7 A. Koyré, « Rapport sur l'état des études hégéliennes en France », reproduit in *Études d'histoire de la pensée philosophique*, Paris, A. Colin, « Cahiers des annales », 1961, p. 205.

8 L. Herr, *La Grande Encyclopédie*, t. XVI, p. 1001. cité in Koyré, *op.cit.*, p. 206.

tillé ; la même cause nous explique peut-être aussi sa prédilection pour des personnes dont il était sûr qu'elles ne le comprenaient point, et qu'il pouvait donc avec toute sécurité honorer de son intimité. Leur médiocrité était une garantie de discrétion. »[9]

Cette phraséologie si complexe que l'on reproche tant à Hegel ne pourrait donc être qu'une volonté de sa part de mieux se dissimuler. Alors, cela suppose, avant même de pouvoir le traduire dans une autre langue – ce qu'il ne semblait pas lui-même souhaiter – d'être capable de percer le secret de Hegel !

Il est certes difficile de saisir, en français, certains concepts hégéliens. Il n'est qu'à songer à l'un d'entre eux pour s'en convaincre : « *Aufhebung* ». Ce terme que l'on traduit en général par « dépassement » – et il renvoie de fait à cette idée même de dépassement – renvoie toutefois aussi à l'idée d'abolition et de conservation. Il s'agit, chez Hegel, du mouvement contradictoire de la contradiction elle-même. On dépasse certes les contradictions, mais en les abolissant dans le même mouvement ou dans le mouvement même de leur conservation. Aujourd'hui encore, cette idée de « l'*Aufhebung* » constitue un élément vivement polémique des interprétations diverses de Hegel. À tel point que, parfois, on trouvera ce mot non traduit, comme si, au fond, il avait pris un sens et une consistance même en français en français-hégélien, si j'ose dire ! Mais Hegel n'est pas le seul à détenir ce privilège... Il n'est pas rare, aujourd'hui, que le concept heideggerien de « *dasein* » soit traduit en français par... « *dasein* » !

Et puis, il faut aussi remarquer que ce qui vaut ici pour le passage de l'allemand au français peut aussi valoir, parfois, pour le trajet inverse. L'idiome cartésien n'est pas aisé à saisir pour une langue étrangère ; et, bien que Descartes prévienne le lecteur du *Discours de la méthode* en affirmant qu'il ne s'agit pas d'un traité, on a pu trouver des exemplaires de ce discours traduit en allemand avec le terme « *Abhandlung* » !

Certes, donc, Hegel était et est toujours difficile à comprendre, mais Hegel bénéficiait toutefois d'un rare privilège, il fut traduit en français relativement tôt :

9 Heine, *De l'Allemagne*, Slatkine, Paris-Genève, 1979, T. II (en un volume), p. 292.

La *Logique* par Augusto Vera en 1859, puis la *Philosophie de la Nature* en 1863-1866 en enfin la *Philosophie de l'esprit* : 1967-1869.

Il faudra attendre, pour s'attaquer à nouveau à une traduction de ces ouvrages, le talent de traducteur de Bernard Bourgeois.

Mais Hegel fut également très tôt cité, sinon connu en France. La première mention de son nom dans un article de revue date de 1804 ! Il n'avait pas même encore publié la *Phénoménologie de l'esprit* ! Certes, il y était présenté comme un disciple de Schelling – cela durera d'ailleurs encore un certain temps... même après la rupture de 1807. Son nom n'est mentionné que comme celui d'un des jeunes philosophes prometteurs de l'Allemagne. Mais enfin, cela montre toutefois assez bien que la France du jeune Empire de Napoléon s'intéressait déjà à la philosophie allemande. Dans cette revue, *Les Archives littéraires de l'Europe*, on trouve d'importants articles de Charles de Villiers, qui fut certainement le premier véritable introducteur de Kant en France[10].

Hegel, donc, est déjà mentionné en 1804 dans une revue française. Cela surprend. Il a lui-même ignoré cette mention de son nom. Elle l'aurait flatté, assurément, lui qui était un francophile convaincu. Un an plus tard, à Iéna, en voyant entrer Napoléon triomphant dans sa ville, il dira : « J'ai vu passer à cheval l'âme du monde » ! Hegel ignorait alors que l'âme du monde avait déjà entendu son nom.

L'auteur de l'article intitulé *Sur l'état actuel de la philosophie en Allemagne*, Jean-Geoffroy Schweighauser, relatait en effet dans une lettre à son employeur, le marquis de Voyer d'Argenson, dont il était le précepteur des enfants, l'anecdote suivante :

« Nos Archives littéraires se consolident, et n'ont encore été critiquées que par Bonaparte, qui trouve qu'on a mis trop de noms étrangers sur le titre aussi ne s'est-il abonné que pour

10 Voir, au sujet de l'introduction de Kant en France le livre de F. Azouvi et D. Bourel, *De Königsberg à Paris*, Paris, Vrin, 1991.

trois mois »[11]. Parmi les noms étrangers, il y avait celui de Hegel !

Bien sûr, il ne s'agit là que d'une brève mention, anecdotique, de laquelle on ne doit pas tirer de conclusion hâtive. Il ne peut véritablement s'agir d'une « réception » de Hegel en France ; nous n'avons là, au plus, qu'une brève intrusion. Mais après tout, elle en préfigure d'autres, plus significatives, et en cela, elle possède donc une certaine importance. Et il faut bien un point de départ pour pouvoir partir !

De là, la pensée de Hegel suivra des chemins sinueux pour traverser le Rhin et pénétrer en France. Et si les traductions de Hegel ne sont pas choses faciles, Hegel lui-même n'a jamais envisagé la possibilité de se faire traduire en français. Il pensait même que cela était impossible. Pour lui, seul l'allemand qui partageait toutefois ce privilège avec le grec ancien, était susceptible de rendre toute la subtilité abstraite de la spéculation philosophique.

Hegel admirait la France, certes, il en aimait la littérature, il s'en est même souvent inspiré, et la recommande parfois, comme c'est le cas dans ses *Theologische jungen schriften*, où il renvoie à la lecture de *La Vie de Marianne* de Marivaux[12]. Il en a aussi apprécié la philosophie, celle des Lumières d'abord, bien sûr, car c'est dans ce siècle que sa formation intellectuelle a eu lieu. Et, parmi les philosophes français des Lumières, c'est peut-être particulièrement Diderot qu'il a apprécié ; Diderot dont le *Neveu de Rameau* est une source importante de la *Phénomènologie de l'esprit*[13].

Ce que Hegel admire chez les philosophes français des Lumières, c'est leur force négative, mais aussi, et surtout, leur « spiritualité » : « La philosophie française a plus de vie, plus de mouvement, elle est plus spirituelle ; ou plutôt elle est le spirituel même. »[14]

11 Cité in Éric Puisais, *La Naissance de l'hégélianisme français*, Paris, L'Harmattan, 2005, p. 63-64.

12 Cf. Jacques D'Hondt, « Hegel et Marivaux », in *Europe*, n°451-452, 1966, p. 323-338.

13 J.-C. Bourdin, *Hegel et les matérialistes français*, Paris, Klincksieck, 1992.

14 Hegel, *Leçons sur l'histoire de la Philosophie*, trad. P. Garniron, Paris, Vrin, 1985, t. VI, p. 1715.

Mais attention ! La langue française ne rend pas là le sens du mot utilisé par Hegel et traduit par « spirituel » (encore une preuve de la difficulté de traduire Hegel). Il utilise ici le mot « *geistreich* » qui signifie, en effet, « spirituel », mais en un sens très différent de ce qu'on peut attendre ici ; il s'agit de spirituel au sens d'ironique, d'intelligent et de plaisamment formulé : « plein d'esprit ». Il ne s'agit pas de spirituel au sens religieux. Pour cela, Hegel aurait employé un autre terme que celui de « *geistreich* », il aurait par exemple pu utiliser « *geistlich* » ou peut-être même « *geistig* », ce qui se rapporte à l'esprit. « *geistreich* » se rapporte aussi l'esprit, mais au sens où l'on peut dire d'un individu qu'il a de l'esprit, qu'il est intelligent et raffiné, plaisant à entendre, enrichissant intellectuellement, comme on dirait d'un « mot d'esprit » qu'il est spirituel, par exemple.

Toutefois, dès le XIXe siècle quelques traductions ont le mérite d'exister et, par conséquent, de faire connaître Hegel au public français, précairement et parcellairement, certes, mais cette connaissance partielle produit tout de même un effet sur la pensée française qui l'admet en son sein.

Parmi ces introducteurs des œuvres hégéliennes il faut citer Augusto Vera qui traduit la *Logique*, la *Philosophie de la Nature* et la *Philosophie de l'esprit*. C'est une œuvre colossale, et spécialement pour lui, car le français n'est pas sa langue maternelle ; Vera était italien.

C'est d'abord dans l'entourage de Victor Cousin que Vera s'est familiarisé à l'hégélianisme français. Il avait été recommandé, dès 1839, à Cousin par Ballanche, l'auteur des *Essais de palingénésie sociale*, qui l'avait connu en Italie[15].

C'est toutefois juste avant la révolution de 1848 que l'on peut dater sa « conversion », si j'ose dire, à l'hégélianisme. Vera qui avait déjà largement contribué à la diffusion de la pensée allemande, non seulement en France, mais aussi bien sûr en Italie, « part de l'idée que Hegel, considéré comme le centre colossal de toute la philosophie, non seulement récapitule mais harmonise la totalité d'une époque. »[16] Ce n'est pas étonnant,

15 Voir les lettres Cousin/Ballanche, in Barthélémy-Saint-Hilaire, *Cousin, sa vie et sa correspondance*, tome 3., p. 395-397.

16 G. Oldrini, « Augusto Vera et le sens de la vulgarisation hégélienne en Europe », in *Revue de métaphysique et de morale*, 96e année, n°1, (...)18

dès lors, que Vera se soit attaché particulièrement à l'étude et à la diffusion de l'*Encyclopédie*.

Vera opère toutefois dans un champ encore vierge. Et la difficulté de traduire et de comprendre, dès lors, redouble. Il faut créer en quelque sorte une langue nouvelle : le français-hégélien. Il est toujours plus aisé d'être le second traducteur que le premier ! On part dans l'entreprise avec les leçons que l'on a pu tirer des erreurs de ses prédécesseurs.

Comme le signale Willm, lui-même traducteur et introducteur de Hegel en France : « Hegel est dans son langage et dans toute sa manière d'être et de sentir, le plus allemand des penseurs de l'Allemagne. Il est par cela même le plus intraduisible des écrivains. Il se sert d'une foule de mots arbitrairement composés, qui se refusent à toute version directe, et qui le plus souvent ne peuvent être rendus en français par des circonvolutions qu'aux dépens de la précision, et quelquefois de la clarté et de la fidélité. »[17] Il s'agit donc de former un vocabulaire qui pourra rendre sensible la langue de Hegel aux Français, il faut organiser les phrases, composer les concepts, transposer non pas tant la lettre que l'esprit du système.

Vera confessera d'ailleurs lui-même que le « devoir d'un traducteur, surtout lorsqu'il s'agit d'une œuvre scientifique, est de reproduire aussi fidèlement qu'il peut la pensée de l'original, et de subordonner les exigences locales et finies du langage aux exigences universelles et absolues de la pensée. »[18] Aussi, parfois Vera n'hésite-t-il pas à forger de nouvelles expressions, pas directement tirées de Hegel, mais formées à partir de la compréhension qu'il a lui-même du système, compréhension générale du système hégélien.

Mais une telle compréhension est elle-même déterminée, de manière très hégélienne, par l'esprit du temps et par l'esprit du peuple. Et aussi par les idées philosophiques qui se sont formées chez Willm lui-même selon des conditions qui lui sont propres.

Et nous rencontrons là le second obstacle à la réception de Hegel en France ; obstacle qui toutefois fut aussi, dans une cer-

(...)17 Janv-mars 1994, p. 38.

17 Cité par Oldrini, *op. cit.* p. 41.

18 *Id.* p. 42.

taine mesure, une voie privilégiée quoi que fort complexe et ambiguë de la pénétration en France des idées de Hegel.

Il avait lui-même remarqué la profonde différence d'état d'esprit de part et d'autre du Rhin, différence toutefois qui ne peut s'établir qu'à partir de la participation commune des deux peuples à une même œuvre : l'histoire et la philosophie de l'histoire, la participation de la philosophie dans la marche même de l'histoire mondiale.

Dans le premier chapitre de la troisième division des *Leçons sur l'histoire de la philosophie* qui s'intitule (du moins dans la version traduite en français) « La philosophie allemande récente », Hegel commence par ces mots :

« Philosophies kantienne, fichtéenne et schellingienne. Dans ces philosophies s'est déposée et exprimée dans la forme de la pensée la révolution à laquelle l'esprit est parvenu ces derniers temps en Allemagne ; dans leur succession nous avons le cours que le penser a pris. À cette grande époque de l'histoire mondiale, dont l'essence la plus intime est conçue dans la philosophie de l'histoire, seuls deux peuples ont participé : le peuple allemand et le peuple français, si opposés soient-ils, ou précisément parce qu'ils sont opposés. (...) En Allemagne, ce principe a fait irruption à titre de pensée, d'esprit, de concept ; en France, c'est dans la réalité effective que cette irruption s'est produite. Ce qui s'est fait jour d'effectif en Allemagne apparaît comme la violence des circonstances extérieures et comme la réaction contre elle. »[19]

Les Français, Hegel l'a souvent constaté, ont la « tête près du bonnet », et cette révolution que les Allemands ont effectuée dans la pensée, les Français l'ont quant-à eux opérée en acte, dans l'histoire effective et concrète, dans la réalité politique.

L'admiration de Hegel pour la Révolution française de 1789 n'a jamais fléchi – quoi qu'on en dise parfois.

Mais la France a bien changé entre 1789 et l'époque où elle voit s'introduire pour la première fois les idées du maître de Berlin sur son sol. Et la France n'a pas, du moins à cette époque, rendu à Hegel l'admiration qu'il avait lui-même éprouvée pour elle.

19 Hegel, *Leçons sur l'histoire de la philosophie*, édition citée, T. VII, p. 1827.

Dans un article intitulé « Hegel et les socialistes », Jacques D'Hondt nous apprend que
« Vingt ans après la mort de Hegel, un certain nombre de Français apprennent que l'on fusille, çà et là, des gens que l'on appelle des « hégéliens ». Vraie ou fausse, la nouvelle ne semble pas les étonner. Personne ne proteste contre l'emploi de ce nom. Et même ceux qui plaignaient les victimes ne tiennent pas leur sort pour injuste ou incompréhensible. »[20]

On a peine à croire aujourd'hui qu'une telle cruauté puisse s'abattre sur quelqu'un simplement parce qu'il est un « adepte » de la *Phénoménologie de l'esprit* !

On l'a vu, les idées hégéliennes, traduites en français, pouvaient parfois être interprétées très diversement, et la « diversité des situations idéologiques ont favorisé deux interprétations de l'hégélianisme fort opposées, et peut-être toutes deux excessives, mais qui, cependant, se sont mutuellement soutenues, se fondant parfois en d'obscurs mélanges, l'une " conservatrice ", l'autre "révolutionnaire" »[21]. Et, contrairement à ce qui se passe aujourd'hui par un renversement de situation tout à fait étrange, c'est dans les années 1850 la tendance « révolutionnaire » de l'interprétation de Hegel qui semblait l'emporter aux yeux du public. Toutefois, il est un point sur lequel, alors, chacun tombait d'accord, c'est que la philosophie hégélienne est un panthéisme et que ce panthéisme est un proche parent de l'athéisme. Il est probable que cette manière de voir en Hegel « le Platon de l'Antéchrist »[22], comme disait Lamennais, est en partie – mais en partie seulement – due à son disciple et ami Heinrich Heine.

En effet, dans son ouvrage très connu, très diffusé, lu et commenté en France *De l'Allemagne*, Heine s'exprime en ces termes :

« Un soir, dans sa maison, prenant le café après dîner, je me trouvais à côté de lui dans l'embrasure d'une fenêtre, et moi, jeune homme de vingt ans, je regardais avec extase le ciel étoilé,

20 J. D'Hondt, « Hegel et les Socialistes », reproduit in *Hegel et les Français*, Zürich, Olms Verlag, 1998, p. 263.

21 *Idem.*

22 Lamennais, *Lettres* à la comtesse de Senfft, 9 mars 1830, in *Correspondance*, II, 1863, p. 125.

et j'appelais les astres le séjour des bien-heureux. Mais le maître grommela en lui-même : " Les étoiles, hum ! hum ! les étoiles ne sont qu'une lèpre luisante sur la face du ciel ". – " Au nom de Dieu ! m'écriai-je, il n'y a donc pas là-haut un local de béatitude pour récompenser la vertu après la mort ? " Mais Hegel, me regardant fixement de ses yeux blêmes, me dit d'un ton sec : "Vous réclamez donc à la fin encore un bon pourboire pour avoir soigné madame votre mère pendant sa maladie ou pour n'avoir pas empoisonné monsieur votre frère ? " »

Et plus loin :

« Mon orgueil ne fut pas médiocrement flatté par l'idée que j'étais Dieu. Je n'avais jamais voulu croire que Dieu était devenu homme, je taxais de superstition ce dogme sublime et plus tard je crus Hegel sur parole quand je lui entendis dire que l'homme est Dieu. »[23]

« Je suis Dieu » ! Voici donc le cri de ralliement des hégéliens ! Combien dès lors ils pouvaient paraître dangereux en France, ces panthéistes qui, y mêlant la dialectique, pouvaient rapidement aboutir à quelque socialisme… Et bien sûr, la révolution de 1848 devait à elle seule amplifier le phénomène.

Cela peut paraître aujourd'hui bien étrange de considérer ainsi la philosophie hégélienne, mais cette vue « daguerréotypée » comme dit Heine, se propagea, en France, et se diffusa très largement, au-delà même des milieux intellectuels.

Ainsi, une auteure à la mode, Valérie de Gasparin, devait-elle écrire une nouvelle intitulée « l'Hégélien » dans son livre *Les Horizons prochains* paru en 1858 et très souvent réédité. Ce livre eut un réel succès, on le dirait aujourd'hui best-seller.

Voici comment cette auteure voyait alors l'hégélien :

Nous sommes en 1848. Une jeune femme voyage vers l'Allemagne. Le trajet est long ; le parcours est difficile, fatigant. Les voyageurs somnolent. Les cahots de la route ne facilitent guère la discussion. La jeune femme observe les autres passagers de la berline. Un voyageur attire plus que les autres son attention.

« C'est un jeune homme de trente ans à peine, le front haut, le visage pâle, les yeux très grands, très bleus et très doux ; avec un air rêveur, ouvert, déterminé, comme si une résolution le

23 Heine, *op. cit.* p. 295.

possédait. Il avait la bouche riante, une barbe à fauves reflets descendait sur sa poitrine. » Le portrait est flatteur, le jeune homme semble charmant et la jeune femme charmée.

« Sa stature était élevée, le port hardi, il avait tout d'un chef ; ni pistolets pourtant, ni poignard, et pourtant je me dis, avec cette invincible assurance des natures primesautières : Voilà un capitaine qui va se battre de l'autre côté du Rhin

C'était bien cela. [...] ».

Il n'en fallait pas plus à la jeune femme pour entamer une conversation.

« De quoi parla-t-on ? De la pluie, du beau printemps, des incertitudes de l'avenir, de la révolution partout grondante. Ici, les yeux du jeune homme flamboyèrent.

- J'y vais ! dit-il, en rejetant la tête en arrière. Le geste n'était pas d'un hâbleur, mais d'un homme passionnément heureux : je vais là ! Il montrait l'Allemagne. Dans mon pays ! J'y rentre ! Avec la liberté !

- Êtes-vous sûr de vaincre ?

- Je suis sûr de me battre.

- On dit l'armée nombreuse.

- La nôtre l'est plus, c'est la nation.

- Vous n'hésitez pas à bouleverser votre patrie ?

- Il le faut – un instant il fronça le sourcil, se mit à songer, puis, relevant son front : il faut que tout le monde ait sa place au soleil ; ou à la pluie, ajouta-t-il d'un geste rieur. Il faut du pain pour tous, il faut de la joie, du loisir ! Il ne faut plus de déshérités sur la terre, il ne faut plus que celui-ci nage dans l'opulence quand cet autre a faim ; les moissons doivent mûrir pour tous ; à tous les maisons de pierre, à tous les meubles soyeux, pour tous la vie aisée !

(...)

- Je ne veux rien partager. Je veux nettoyer la terre, en arracher les bornes qui s'opposent au progrès. Je veux ouvrir une large route à l'humanité, à la jeune humanité qui monte. Elle réclame sa part de bonheur, son droit de jouir ; elle l'aura.

- Je crains bien qu'au bout il n'y ait des forts et des faibles, de laids visages et de beaux, des cœurs honnêtes et de vicieux, comme avant ; alors, tant pis pour l'égalité.

Le capitaine secoua la tête.

- Ce sont de vieilles idées, dit-il, des lambeaux de moyen-âge. Le monde marche à la révolution sociale ; il laissera sa peau d'hiver aux buissons de mai.

- Les autres, les bornés, se défendront, ils défendront leurs coutumes.

- Je le sais bien.

- Alors ?

- Alors on les tuera.

Ce fut dit d'une voix triste mais inexorable.

(...)

Je regardais avec épouvante ce sourire mélancolique et bon, cet œil sincère, cet insensé candide épris de sa terrible utopie toute parée de fleurs, toute dégoûtante de sang. Après un instant, il reprit d'une voix un peu tremblante où vibrait pourtant une absolue confiance en soi :

- Tout ce qui renaît doit mourir. C'est une éternelle loi. Le niveau ne peut se promener sur le sol sans écraser des fleurs. La rénovation sociale éclora d'un tombeau. Pour arriver à l'harmonie, il faut éteindre les notes discordantes.

(...)

Après un moment :

- Je vous épouvante, reprit-il d'un accent très doux. Réfléchissez. La mort, l'une après l'autre, fauche les générations ; plus tôt, plus tard qu'importe ? Toutes se courbent à une heure quelconque, toutes, à une heure donnée, vont se ranger en sillons sous le sol. Une guerre, les guerres de votre empereur, ont tué les hommes par centaines de mille.

- Je déteste la guerre.

- Le choléra qui vient d'éclater à Londres, à Paris, moissonne trente mille personnes en un jour.

- C'est Dieu qui les fait mourir.

- Hé bien ?

- Vous n'êtes pas Dieu !

L'Hégélien me regarda de son oeil limpide

- Je suis Dieu, dit-il.

Et comme je frissonnais :

– Je suis Dieu ! Ma pensée est un rayon de la pensée divine, ma volonté est un fragment de la volonté

> suprême ; le grand cœur qui palpite là-haut bat en moi, en vous, en tous ».[24]

Bien sûr, il ne s'agit là que d'un roman à la mode et qui ne propose pas – loin s'en faut – un commentaire, même simpliste, de l'hégélianisme. Toutefois il est l'indice d'une certaine pénétration des idées hégéliennes en France – idées galvaudées, dénaturées, « profanées », mais idées qui se sont répandues dans le public. Et un roman à la mode n'invente guère, il se contente souvent, pour pouvoir précisément être à la mode, des idées qui dominent pour leur donner un tour plus plaisant. La comtesse de Gasparin n'a certainement pas passé ces nuits à la lecture des œuvres de Hegel, elle se contente probablement de rapporter dans cette histoire ce qu'elle en a entendu dire, ici où là, dans un salon, dans une conversation ; peut-être a-t-elle, en effet, un jour rencontré un jeune homme qui prétentieusement se disait « hégélien » sans avoir lui non plus de connaissance exhaustive des idées du maître. On a vu beaucoup de gens qui se disaient « marxistes » sans avoir lu la moindre ligne de Marx ! Tout cela montre qu'au-delà de la lecture académique qu'on peut faire de Hegel, sa philosophie a produit sur la société française du milieu du XIXe siècle un effet particulier.

Il y eut donc une « réception profane » de Hegel avant qu'il ne soit « consacré » par l'Université. Mais il y a là précisément une grande difficulté à séparer en deux les interprétations. Qu'est-ce qui distingue, en effet, le profane d'un côté, du savant de l'autre ? Y aurait-il, là encore à l'instar du marxisme, un hégélianisme savant et un hégélianisme vulgaire ? Il y aurait là quelque chose d'ironique ! Hegel qui s'efforçait de n'être pas compris des esprits les plus simples, qui ironisait, dans ses *Leçons sur l'histoire de la philosophie*, sur l'aspect trop « populaire » de certaines œuvres de Leibniz, se trouve lui-même, peu de temps après sa mort, pris d'assaut par tout un peuple qui s'en empare à des fins politiques.

Hegel devait dès lors être voué aux pires accusations, et souvent sans connaissance de cause. Mais, rassurons-nous, ce n'est pas seulement en France que ce genre d'accusations, voire de

24 Valérie de Gasparin, *L'Hégélien*, in *Les Horizons prochains*, Paris, 1858, p. 119_125.

calomnie furent portées à l'endroit de Hegel. Dans son beau livre *Hegel et la catastrophe allemande*, Domenico Losurdo montre bien qu'il fut utilisé très diversement. C'est pourquoi je partage avec Losurdo cette idée « qu'une lecture profitable de Hegel est impossible sans une historicisation des interprétations ayant encore cours aujourd'hui, et sans une compréhension de la trame politique et sociale de l'histoire en tant que telle »[25].

Il est donc extrêmement difficile de saisir chacune de ces allusions faites à l'hégélianisme en France au XIXe siècle et qui semble aujourd'hui si radicalement éloignées de ce qu'est devenu, universitairement, l'hégélianisme lui-même. On s'amuse, par exemple, à suivre l'exposé du christianisme de Hegel que Flaubert place dans la bouche de Bouvard et de Pécuchet, désireux ainsi de terroriser par cette doctrine impie le curé de leur village !

Celui qui, finalement, va canaliser en lui toutes les contradictions, qui va en peu de pages rendre synthétiquement la querelle qui entoure la réception de Hegel en France au XIXe siècle et à l'aube du XXe siècle, c'est Maurice Barrès.

Maurice Barrès est connu pour ses sympathies envers l'*Action Française*, organe de la France réactionnaire. Mais avant cela, jeune encore, Barrès professait des opinions qu'il rejettera totalement, plus tard. Il publie, en 1894, dans un périodique appelé de manière originale *Le Journal,* un article qui sera par la suite souvent repris et réédité, spécialement en 1904 avec une préface d'Eugène Nolent. Cet article porte un titre plus singulier que celui de son journal, et presque surréaliste, à nos yeux actuels : *De Hegel aux cantines du Nord*. Alors directeur du journal *La Cocarde*, Barrès menait une enquête sur les mouvements ouvriers qui devait le conduire un peu partout en France, mais spécialement dans le Borinage. Et là, que découvre-t-il ? Des hégéliens !

« À Roubaix, à Vierzon, à Carmaux, à Rive-du-Giers, dans les plus tristes cantines du Borinage, parfois en écoutant, le soir, un prêche socialiste, à telle ou telle phrase de l'orateur et sur sa

25 D. Losurdo, *Hegel et la catastrophe allemande*, Paris, Albin Michel, 1994, p. 17.

méthode historique, nous reconnûmes des fragments et la dialectique même du professeur d'Iéna. »[26]

Voilà donc Hegel qui, après qu'il a été accusé d'être « le prophète de Bismarck », le héros de l'État prussien, le chantre de la guerre, accusé de faire germer des idées socialistes dans les têtes des ouvriers du Borinage français ! Décidément, on le mangeait bien à toutes les sauces – mais cela a-t-il réellement changé ?

Barrès ne s'y trompe pas :

« Exode singulier qu'après tant d'années, et dans des classes si différentes, les doctrines mystérieuses de la chaire d'Iéna réapparaissent, mais, transformation plus singulière encore, ces idées, qu'avaient accueillies avec transport, comme des armes de défenses, les conservateurs prussiens, deviennent les pires armes révolutionnaires aux mains des ouvriers sans culture ! – c'est une belle leçon sur l'impuissance des plus puissants penseurs. »

Ce qui est frappant ici, c'est que Barrès renvoie aux leçons du professeur d'Iéna et pas à celles de Berlin ! C'est ici le jeune Hegel qui est mis en cause, celui de la *Phénoménologie de l'esprit*, et pas le vieil Hegel des *Leçons sur les principes de la philosophie du droit* ! Nous pourrions en dire bien des choses, mais cela témoigne du moins d'une certaine connaissance de l'œuvre de Hegel et de sa biographie. Cela signifie qu'il est passé quelque chose de Hegel dans les milieux cultivés *et* dans les milieux ouvriers. Ce qui étonne également c'est qu'en 1894, Barrès reconnaisse la dialectique de l'histoire et la méthode hégélienne dans les discours socialistes. Il n'y reconnaît pas Marx ! C'est parce qu'il croit avoir vu là quelque chose de plus fondamental dans le discours des ouvriers ; il pense en effet que leur socialisme leur vient en droite ligne de Hegel, et il fait de Hegel le père fondateur de celui-ci. « Comme Marx et Bakounine, Proudhon relève de la dialectique hégélienne »[27], dit-il !

Hegel cette fois endosse une lourde paternité : il est à la fois à l'origine du socialisme de Marx, de l'anarchisme de Bakounine et du collectivisme de Proudhon ! Et c'est probablement ce dernier qui, pour Barrès, convient le mieux à la France... Parce qu'il est français !

26 M. Barrès, *De Hegel aux cantines du Nord*, Paris, 1904, éd. Sansot, p. 16.
27 *Idem*, p.30.

« Le socialisme de Proudhon, parce qu'il combine notre sensibilité nationale et l'hégélianisme, satisfait ou intéresse profondément des Français qui ne parviendront jamais à se plier sur le collectivisme allemand ou le terrorisme russe, car ces deux dernières conceptions sont significatives de races étrangères. »[28]

C'est s'avancer, je crois, un peu loin ici que de suivre Barrès sur ce point, comme en bien d'autres d'ailleurs. Proudhon ne dit pas la « vérité française de l'hégélianisme ». D'abord probablement parce que Proudhon ne connaissait lui-même Hegel que de seconde main, et que l'une de ses mains n'était autre que celle de Marx lui-même... D'un Marx déçu et exaspéré par ce que Proudhon avait fait de Hegel : une misère philosophique !

Ce que l'on peut constater, ici, c'est qu'il y a une singulière différence entre la manière dont un même auteur est perçu à une même époque, selon le milieu qui le reçoit, et, au sein d'un même milieu à des époques différentes.

Pour ce qui est de cette « réception profane », selon le concept forgé par Jacques D'Hondt, il y a plusieurs explications possibles à ces détournements de l'hégélianisme.

La première, je l'emprunterai directement à J. D'Hondt : le public « ne recueille que ce qu'un commentateur a déjà choisi parce que cela lui plaisait. C'est là, peut-être, la détermination la plus importante : le public accepte ou refuse les philosophies selon les inclinations spontanées de sa propre pensée. Ici le récepteur a plus d'efficacité, ou du moins autant d'efficacité que l'émetteur. Il ne capte que ce dont il est capable, que ce qui s'accorde avec sa propre longueur d'onde – et, donc, il a le sentiment de le comprendre et de pouvoir en faire quelque chose. On imagine difficilement que les mineurs du Nord aient pu assimiler quelque chose de la philosophie de Schelling ou de celle de Schopenhauer. Il y avait par contre, dans celle de Hegel, des éléments ou des tendances qui, déjà modifiés et simplifiés par des médiateurs, pouvaient se faire entendre d'eux. »[29]

28 *Idem*, p.31.

29 J. D'Hondt, « La Réception profane de Hegel en France », in *La Réception de la philosophie allemande en France au XIXe et au XXe siècle*, éd. J. Quillien, Lilles, Presses Universitaires, p. 70.

Ainsi peut-on envisager l'un des problèmes fondamentaux de la réception d'une philosophie : en aucun cas le récepteur n'est un réceptacle creux dans lequel cette philosophie viendrait se loger naturellement. Elle ne trouve peut-être d'ailleurs aucun lieu naturel où être reçue hors d'elle-même ; elle devient, en étant reçue, quelque chose d'autre que ce que son émetteur a peut-être voulu en faire. Elle est en quelque sorte devenue, par sa réception, étrangère à elle-même. Au sens propre du terme, au sens hégélien du terme, elle s'aliène dans ce mouvement hors de soi. Elle s'aliène mais, précisément, par cette aliénation même elle devient autonome.

En cette autonomie, ou plutôt, si l'on veut, en cette façon de devenir étrangère à elle-même, cette philosophie pourtant peut paraître revenir en quelque sorte à elle-même, par ce mouvement que l'on trouve décrit par Hegel dans sa *Phénoménologie de l'esprit*. Ainsi, il n'est pas rare, dans le cours de l'histoire de la philosophie, qu'on fasse ainsi retour : retour à Kant, Hegel renaissance, retour sur le jeune Marx...

Cette marche n'est cependant pas, comme Huysmans l'aurait suggéré, une marche « à rebours ». Il s'agit de découvrir en quelque sorte les couches successives que les diverses interprétations d'une même philosophie ont pu recouvrir. Toutefois, dans cette démarche qui peut être décrite comme archéologique, il convient de ne pas reproduire l'archéologie foucaldienne : c'est-à-dire considérer les différentes strates interprétatives comme autant d'épistémès déliées les unes des autres. Si l'on veut comprendre ce phénomène particulier qu'on appelle la « réception », il faut, me semble-t-il, abandonner, au moins à titre d'hypothèse de travail, sinon définitivement, l'idée de coupure épistémologique. Celle-ci, appliquée à Marx par Althusser, et clairement utilisée aussi et à sa manière par Foucault[30], nous fait nous détourner d'une conception de l'histoire comme totalité harmonieuse, comme mode global de lecture du

30 Cf. *Dits et Écrits*, t. 1, p. 587 : « Ayant été son élève et lui devant beaucoup, j'ai peut-être tendance à mettre sous son signe un effort qu'il pourrait récuser (...). Il reste cependant, entre Althusser et moi, une différence évidente : il emploie le mot de coupure épistémologique à propos de Marx, et j'affirme inversement que Marx ne représente pas une coupure épistémologique ».

monde, ou comme globalisation du monde passé. Or, ce qui me semble important, dans le phénomène de la réception philosophique, c'est d'envisager que sous divers aspects et selon diverses modalités, la réception d'une philosophie fabrique un monde qui permet à la fois l'union et la distinction, la différence et la répétition : Hegel et l'hégélianisme. Les deux termes sont reliés par la conjonction qui, en les coordonnant, établit en même temps la distinction entre les deux : Hegel n'est pas l'hégélianisme, et l'hégélianisme n'est pas nécessairement identique en tout point à ce que Hegel a dit ou écrit. La philosophie de la réception ne vise pas – quoi qu'elle le permette et, à bien des égards en est tributaire – à comprendre en elle-même, comme sa finitude morte, la philosophie de Hegel, mais elle englobe dans un même mouvement de pensée toutes les idées que l'on a reçues à partir de Hegel ; aussi ne s'occupe-t-elle pas de la vérité de l'interprétation, elle n'a que faire d'examiner une interprétation comme on lirait une copie, elle ne se soucie pas de savoir si tel ou tel interprète s'est trompé, elle cherche à comprendre ce qui se produit lorsqu'une philosophie se « substantivise », quand elle passe de Hegel à l'hégélianisme. Ce passage se fait par des biais qui ne sont pas nécessairement évidents ; comme on le voit avec Hegel, le passage s'élabore souvent par les marges, clandestinement, ou, si l'on veut le redire avec Jacques D'Hondt, de façon profane. La philosophie de la réception ne vise pas à rétablir la vérité d'une doctrine – si tant est qu'il puisse y en avoir une – elle n'est pas, si l'on veut, une herméneutique, ou bien elle est une herméneutique socio-historique.

C'est là la seconde explication possible à cette idée même de « réception profane » : une herméneutique socio-historique. Cela signifie que toute philosophie de la réception doit se placer non pas du point de vue actuel au sens où notre actualité nous conférerait le dernier point de vue, nécessairement en cela supérieur aux précédents, mais elle retrace cette archéologie de la réception comme ce qui permet de saisir les liens non apparents *a priori* entre les épistémès. En ce sens, elle rétablit l'unité *a posteriori* d'une histoire particulière. Il peut sembler parfois que dans la réception d'une philosophie des étapes soient manquantes, c'est-à-dire qu'on ne saisit pas ce qui se passe entre le moment de l'élaboration de cette philosophie et son entrée dans l'académie. Bernard Bourgeois dit, à juste titre, que le mouvement de réception d'une philosophie s'achève au moment de son inscription au programme des concours académiques. Si l'on s'en tient à ces deux moments, on peut établir une coupure épistémologique et considérer qu'il ne s'est rien passé entre les deux. Or, précisément, si une philosophie en vient à devenir l'objet d'un programme d'enseignement universitaire, c'est qu'elle a une histoire particulière et que celle-ci n'est pas uniquement ou unilatéralement faite d'interprétations strictement universitaires. Son histoire ne se joue pas sur une scène unique que nous observerions comme des spectateurs de théâtre.

Ce sont précisément quelques moments particuliers de cette histoire que ce livre tentera de retracer en posant quelques unes des pistes méthodologiques d'une « phénoménologie de la réception ».

Voyage philosophique sur les berges du Rhin[*]

Les idées et leur circulation

> *Lorsque, grâce au souvenir de la dissolution, ce souvenir de ce qui est dissous, de l'individuel a été concilié avec le sentiment de vie infinie et qu'entre les deux la lacune est comblée, alors, de cette conciliation et de ce nivellement entre le singulier passé et l'infini présent, surgit la situation éminemment nouvelle, la démarche suivante, destinée à succéder à l'ancienne.*
>
> Hölderlin, *Le Devenir dans le périssable*, *Œuvres*, Pléiade, p. 653.

Ce que je vous propose n'est peut-être pas conventionnel. En effet, je vous propose d'embarquer pour une sorte de voyage philosophique de part et d'autre du Rhin !

Le Rhin, que Hölderlin décrivait comme le plus noble des fleuves, le fleuve ivre de liberté, ce fleuve inspirateur de tant de poèmes célèbres.

Toute clairvoyance est refusée au désir
Et les plus aveugles sont encore
Les fils des dieux. Car l'homme connaît sa demeure

* Ce texte est issu d'une conférence donnée dans le cadre du cycle « Philosopher en Algérie » organisé par les centres culturels français d'Alger, Oran, Tlemcen et Constantine à l'initiative de M. Jean-François Poirier. C'est ici, pour moi, une occasion de le remercier de cette invitation à ce voyage philosophique et culturel.

Et la bête le lieu où bâtir la sienne,
Mais à ceux-là fut donné ce défaut
Dans leur âme toute naïve
De ne savoir où ils s'en vont

Hölderlin, « Le Rhin ».

Alors, afin de ne pas suivre ce Rhin d'une berge à l'autre et sans savoir où l'on va, il nous faut prendre un guide ; et, pour nous guider dans ce voyage, je vous propose de suivre les pas de Hegel, ou plutôt que de Hegel lui-même, de sa pensée, de sa doctrine, de sa philosophie. Je vous propose de suivre les péripéties d'une philosophie qui quitte sa terre natale pour suivre, dans une contrée étrangère, un destin inattendu. Dans le bassin où se distille ce que l'on peut appeler l'esprit européen, durant plus d'un siècle les rapports intellectuels franco-allemands ont tenu une place décisive.

Vers 1835, Joseph Willm, un disciple de Victor Cousin, écrivait : « Cette tendance des meilleurs esprits de l'Allemagne et de la France à se rapprocher et à s'entendre, est le fait le plus intéressant de l'histoire de la philosophie de ces derniers temps ». C'est cette tendance, ce rapprochement, que je vous propose d'examiner, dans son développement historique et philosophique.

Si Hegel, ou plutôt l'hégélianisme, sera pour nous un guide privilégié, c'est parce que, précisément, il a lui-même entretenu avec la France des rapports privilégiés. Mais un rapport privilégié est souvent aussi un rapport ambigu. Et, comme tout rapport, il évolue dans le temps, se construit parfois de façon paradoxale ; il y a des heurts, il y a des crises, il y a des moments intenses, et, parfois aussi, des périodes d'éloignement. « Rien n'est jamais acquis à l'homme, ni sa force ni sa faiblesse », disait Aragon dans un poème célèbre. Rien non plus n'est jamais acquis à une pensée, à une philosophie. Il lui arrive, pour s'expatrier, de devoir se battre ; elle passe parfois par des canaux inattendus, par des chemins de traverse, il lui arrive de pénétrer clandestinement dans l'histoire intellectuelle d'un pays. Hegel a pénétré l'esprit français, d'abord par ses auteurs : il a été un lecteur attentif des auteurs français, et des productions intellectuelles diverses de la France, il a été un admirateur passionné de la grande Révolution de 1789 qu'il a vécue de loin et qu'il a vu se développer, se modifier, devenir peu à peu le terreau de l'élévation d'un Empire qui, bientôt, allait entrer en Allemagne en force. En 1806, Hegel est à Iéna, à l'époque de la célèbre bataille et de la prise de cette ville par Napoléon Bonaparte : « J'ai vu hier passer l'âme du monde à cheval » dira-t-il alors, au moment même où il rédige sa fameuse *Phénoménologie de l'esprit.*

Bientôt, par un renversement, ou par un juste retour des choses, c'est la pensée de Hegel qui va pénétrer en France, y subir certainement des mutations, des changements, mais aussi y exercer une profonde et durable influence. Cette influence ne se limite pas au seul domaine philosophique, ni à la stricte analyse académique ; Hegel fut lu, commenté, débattu dans toutes sortes de milieux : les juristes, les historiens, les politiciens s'intéressèrent à sa pensée. Il eut aussi un rôle dans la sphère littéraire, et il a été lu et utilisé par des auteurs comme Mallarmé ou Flaubert, jusque dans les cantines du Nord où, dans les débats politiques des ouvriers, Barrès croyait reconnaître, comme nous l'avons vu précédemment, la dialectique du maître de Iéna !

La nationalité des philosophies et l'esprit des peuples

Philosophie française, philosophie allemande ! Déjà, il nous faut préciser et certainement nous interroger. Philosophie française, philosophie allemande, philosophie grecque, philosophie écossaise, philosophie anglo-saxonne ; comment comprendre, comment envisager, comment traiter cette géographie de l'esprit ? Comment une nationalisation de la philosophie ou des philosophies est-elle possible ? Un philosophe peut bien être français, allemand, grec, il peut être algérien, anglais, hollandais, portugais, mais la philosophie ! Est-ce que nous ne provoquons pas là une cartographie de la philosophie qui contredit l'un de ses principes premiers : sa vocation ou sa portée universelle ?

Cette question, pour la saisir dans son ampleur problématique, peut être rapportée, par analogie, à une autre question fondamentale : celle de la pluralité des philosophies, ou des systèmes philosophiques. Et, du coup, on en arrive au problème crucial du rapport que l'on peut ou non établir entre la philosophie elle-même et la notion de vérité. Peut-on ou non, en vue de cette pluralité des philosophies, souvent contradictoires les unes les autres, ou apportant des réponses contradictoires aux questions philosophiques, appliquer le critère de vérité à la philosophie ?

Si l'on doit adopter une classification des systèmes philosophiques, il peut bien apparaître que le choix du critère national soit critiquable. Peut-être, en l'occurrence, est-il d'autant plus critiquable que, si nous parlons ici de philosophie allemande, en faisant référence à ce que l'on appelle l'idéalisme allemand, nous parlons d'une philosophie qui a vu le jour et s'est développée à une époque où, en tant que telle, l'Allemagne n'existait pas ! L'unité de la nation allemande – malgré le *Discours à la nation allemande* de Fichte – n'a eu lieu que plus tard au XIXe siècle, avec Bismarck.

Quoi qu'il en soit de l'Allemagne, la classification des philosophies en fonction de leur situation géographique peut se présenter comme contraire à la vocation et à la portée universelle de la philosophie elle-même. Mais, avant de refuser ce critère, il convient certainement de comprendre sa formation ; il faut se saisir de ce problème, et s'en saisir historiquement.

Or c'est précisément dans ce contexte d'échanges, de rapports mutuels, de rapprochement des penseurs français et des penseurs allemands dans la première moitié du XIXe siècle que cette idée de « nationalité des philosophies » voit le jour.

Joseph Willm va publier en 1835 une traduction de l'*Opinion de Monsieur Schelling sur la philosophie de Monsieur Cousin*. Et cette publication sera précédée d'un *Essai sur la nationalité des philosophies*.

Sous le prétexte schellingien, Willm va en réalité développer un type d'argumentation hégélien en faveur du développement, non plus d'une philosophie nationale au sens strict du terme, mais pour proposer une philosophie européenne.

Ce qui devient problématique pour Willm ici, et qui nous intéresse en l'occurrence, c'est la manière dont peut se faire le passage des frontières en philosophie. Le constat que Willm prétend faire est simple : au XIXe siècle les philosophies n'ont cessé de se « nationaliser » davantage, et plus elles se nationalisaient, plus la philosophie devenait intelligible pour chacun. La philosophie allemande spéculait dans une langue inaudible aux Français ou aux Anglais, la philosophie écossaise s'était développée en ignorant les autres contrées, et la philosophie française tentait de se construire sans liens avec les autres formes de pensées qui lui étaient étrangères.

Puis, en France, sous l'Empire, sous l'impulsion politique de Napoléon qui devait repousser ceux qu'il considérait comme des ennemis politiques : les Idéologues, Desttut de Tracy, Cabanis ou Volney en particulier, quelques penseurs se tournèrent d'abord, mais sans succès, vers l'écossisme ; ce fut le cas de Royer-Collard. Vint alors Cousin qui, lui, tenta de comprendre et de se nourrir de la philosophie allemande. Dans le même temps, en Allemagne, Schelling déclarait « qu'une philosophie qui ne savait se rendre intelligible à toutes les nations éclairées et s'exprimer convenablement en toute langue cultivée, ne pouvait être la philosophie vraie et universelle. »[31]

Aussi, fallait-il, à cette époque, précisément, comprendre ce problème.

Willm, à sa façon, maladroitement, et peut-être aussi naïvement, tentait une réponse :

« Dans un certain sens, il n'y a qu'une seule philosophie. Quant à son but et quant au dernier terme de son développement, la philosophie est une. Mais cette philosophie une et seule absolument vraie, personne n'y a attaché son nom, ni en Grèce, ni à Rome, ni en France, ni en Allemagne, ni en Angleterre. Elle n'existe nulle part, mais les penseurs de tous les temps et de tous les pays y aspirent, y travaillent, y concourent. (...) La philosophie complète objective, absolue est une ; mais il y a autant de philosophies particulières que de penseurs, d'époques et de pays indépendants. Il y en a d'individuelles, de nationales, de temporaires » (p. XXXI)

Aussi propose-t-il une sorte de classification. Il y a, selon lui, des pensées que l'on retrouve dans toutes les nations, chez tous les peuples, philosophies d'un âge, elles en sont l'expression

31 Cité par J. Willm, p. XXIII.

propre, elles répondent au besoin d'une époque. C'est, dans des termes hégéliens, l'esprit du temps.

Il y a ensuite les pensées qui appartiennent plus particulièrement à un peuple parce qu'elles sont le résultat de son histoire, de son génie propre qui, pour ainsi dire, donne à sa philosophie un caractère de nationalité. Ce serait l'esprit d'un peuple.

Il y a enfin la manière dont les individus se forment leur propre philosophie : celle-ci dépend à la fois des deux autres formes, car tout individu est empreint du temps qui le voit naître, et du lieu, et de la culture dans laquelle il s'est développé. « Il est toujours fils de son temps et de son peuple », dit Willm (p. XXXIII), reprenant à nouveau une topique hégélienne.

En réalité, cette idée des « nationalités des philosophies » s'est surtout développée à partir d'une interprétation particulière de l'idée hégélienne d'esprit des peuples. Interprétation particulière que l'on pourrait, rétrospectivement, critiquer vivement, et même peut-être considérer comme erronée, mais qui, dans son développement historique, est liée spécialement aux conditions de l'époque qui l'a vue naître. C'est-à-dire d'un moment de l'histoire où la France est à la recherche d'une philosophie qui puisse être à la hauteur du développement politique qui occupait alors tous les esprits.

D'une révolution à l'autre, de 1789 à 1830 puis de 1830 à 1848 et enfin de 1848 à 1870, la France s'est constituée, s'est construite au prix de multiples bouleversements ; elle a connu des régimes politiques parfois très différents les uns des autres ; elle a vu la science prendre un essor considérable : Cabanis, Broussais, Carnot, Lamarck, Claude Bernard, Broca, Poincaré, Farradet ; les arts et les lettres ont vu certaines de leurs plus grandes œuvres se réaliser : il n'est qu'à citer quelques noms : Stendhal, Chateaubriand, Hugo, Vigny, Musset, Flaubert, Georges Sand, Baudelaire, Mallarmé ; en musique : Offenbach, Berlioz, Saint-Saëns, en peinture : Delacroix, David, Daumier, Manet, Corot, la liste est trop longue. La politique n'est pas en reste : Robespierre et Napoléon, Guizot et Gambetta, les théoriciens également : Proudhon, Jaurès, Tocqueville ou Leroux. J'oublie certainement bien des domaines, comme la sociologie avec Durkheim, les études littéraires avec Littré, la psychologie avec Janet, l'histoire de l'art avec Mérimée, l'architecture avec Haussmann, etc.

Bref, l'esprit d'un peuple se constituait et se poursuivait depuis le brillant XVIIIe siècle, mais cela n'allait pas sans heurts, sans oppositions souvent vives, et, comme Hegel l'avait mentionné dans ses leçons sur l'histoire, la vie est précisément dans l'opposition, « il n'y a d'intérêt que là où il y a oppositions », dit-il même.

C'est donc dans ce contexte vivant que la philosophie a voulu devenir une philosophie française. Il se peut donc que les auteurs de cette époque se soient abusivement appuyés sur Hegel et sur sa théorie de l'esprit des peuples pour étayer leur projet de constitution d'une philosophie nationale. Toutefois, ils n'avaient pas pour objectif de commenter scientifiquement la philosophie de Hegel, mais ils tentaient de s'en servir concrètement, ils l'utilisaient pour les aider à penser leur propre époque ; et quelques esprits avaient senti la nécessité d'allier, dans un effort commun, la France à l'Allemagne pour que, l'une et l'autre unie, elles donnent naissance à une sorte d'esprit européen. Ce qui est étrange, c'est que, précisément, il y eut une « répugnance », comme le dit Bernard Bourgeois, pour les thèmes hégéliens, un refus de ces thèmes qui devait amener certains à les transfigurer. En particulier, la *Philosophie du droit,* qui aurait pu offrir un cadre théorique général à une nation en construction, ne fut que très peu lue et discutée. À l'exception notable de quelques personnages, comme Eugène Lerminier qui rend hommage à Hegel dans sa propre *Philosophie du droit* parue l'année de la mort de Hegel.

C'est dans une dénonciation des thématiques mal comprises de la philosophie hégélienne que s'est élaborée cette idée de « philosophie nationale » à laquelle devait répondre l'idée d'une philosophie européenne, dans le sentiment de quelques-uns d'une nécessité historique : celle qui vise à faire naître un nouveau peuple sur ce que chacun d'eux avait alors de plus brillant. Joseph Willm pensait que les Français et les Allemands devaient cesser leurs luttes et leurs querelles et qu'ils devaient trouver chez les uns la profondeur spéculative, chez les autres la clarté d'expression, afin de s'élever ensemble à la construction d'une philosophie qui, sans cesser d'avoir ici ou là des modes d'expression particuliers, pourrait se dresser, au-delà de ces particularités, jusqu'à une forme générale, voire universelle de développement : pour lui, pensée nationale et pensées étrangères doivent s'unir, et « en se combinant et se pénétrant, s'épureront et se compléteront, et grâce à cette heureuse alliance, bientôt la philosophie sans cesser d'être allemande, française, anglaise, sera en même temps européenne, et d'autant plus près de la vérité qu'elle sera comprise partout et universellement intelligible. »

Et Willm, précisément, devait s'appuyer sur la philosophie hégélienne de l'histoire en citant, ce qui est rare à cette époque précise, les *Vorlesung über die Geschichte der Philosophie.* Willm pensait, en se revendiquant en cela de Hegel, que les philosophies devaient conserver du moins leur intérêt historique, et que, même si certaines doctrines du passé pouvaient être abolies comme système, elles devaient être conservées dans leur principe. « La vérité ne vieillit point, mais la forme sous laquelle elle se produit ». Et, selon lui, de même que le temps présent est héritier des temps passés, de même que les philosophies du passé enrichissent la philosophie présente, de même les philosophies nationales doivent s'enrichir mutuellement du désir commun d'élévation.

On peut, à une époque, s'approprier les principes d'une philosophie passée et les rendre ainsi propices à comprendre le présent. Une philosophie qui s'exprime selon des critères nationaux peut, de la même manière, passer les frontières pour servir d'autres intérêts. La condition toutefois que pose judicieusement Willm, c'est qu'un tel passage ne se fasse pas par la force !

« Une philosophie étrangère ne doit ni ne peut être introduite au milieu d'une nation, parce que, telle qu'elle est, elle ne peut convenir qu'au peuple au sein duquel elle s'est formée, il ne s'ensuit point que l'on ne doive pas étudier les systèmes exotiques, que l'on ne puisse leur emprunter les idées principales et les approprier au génie de son pays. Les nations peuvent apprendre les unes des autres sans porter atteinte à leur indépendance, comme les individus peuvent s'étudier réciproquement sans cesser d'être eux-mêmes, et comme le siècle actuel a recueilli l'héritage des siècles passés, sans que pour cela il soit destitué de toute originalité » (p. XXXVIII).

D'une manière qui, comme on le voit, tient à son époque, et, en son temps, au développement de la société dans laquelle il vit, Willm tente de reprendre l'idée hégélienne de l'histoire. Toutefois, il n'en tire pas encore, pas suffisamment, ce que Hegel a su, lui, y mettre. Car dans ce développement progressif de l'idée qui peut prendre la forme particulière de l'esprit d'un temps et de l'esprit d'un peuple, ce que Hegel, au fond, a cherché à montrer, c'est l'unité fondamentale du genre humain ; unité à laquelle chaque peuple, selon son degré propre, concourt.

Mais afin que chaque peuple, que chaque individu puisse s'enrichir des autres peuples ou des autres individus, il faut bien que quelque chose passe, et qu'il se passe quelque chose. Pour emprunter au passé, il faut avoir accès à celui-ci, il ne faut pas le considérer comme irrémédiablement fermé à notre connaissance, en rupture totale et radicale avec notre présent, comme les rives de deux continents lointains, séparés à jamais par un abîme sans fond. Pour que d'une nation à l'autre, d'un pays à l'autre, d'un peuple à l'autre, des transferts culturels aient lieu, il faut, du moins, considérer ces peuples comme n'étant pas totalement étrangers les uns aux autres, mais comme étant, au contraire, profondément liés, comme relevant de l'unité fondamentale du genre humain.

Dans ce contexte général, selon Hegel, la tâche propre de l'esprit dans la forme particulière qu'il a pris en France à la jonction des XVIIIe et XIXe siècle, c'est l'avènement de la Révolution française.

Car la Révolution française allait pouvoir poser concrètement cette unité du genre humain. Avec elle, le principe de la liberté, jusqu'ici resté uniquement formel, allait pouvoir se réaliser. Sous l'impulsion de la philosophie des Lumières qui avait posé la vérité en soi et pour soi en tant que pure essence, la Révolution allait, elle, faire devenir cette vérité, la rendre vivante dans le monde réel. « C'était donc là un superbe lever de Soleil, explique Hegel. Tous les êtres pensants ont célébré cette époque. Une émotion sublime a régné en ce temps-là, l'enthousiasme de l'esprit a fait frissonner le monde. »[32]

Et Hegel a suivi les développements de cette révolution. Si l'on ose le dire, ils ont vieilli ensemble ! Il ne nous appartient pas de juger ici des résultats bons ou mauvais de la Révolution, de la réalisation ou de l'échec des espoirs qu'elle a fait naître ; mais, pour Hegel, elle restera, comme il l'indique à la fin de ses *Leçons sur la philosophie de l'histoire*, d'une « importance historique universelle ».

Hegel s'est enrichi au contact de la pensée française, c'était au tour de la France de s'enrichir de la pensée hégélienne. Mais, comme je l'évoquais plut tôt, la sortie d'une philosophie hors de son milieu naturel, la pénétration dans un lieu étranger, cette forme d'aliénation qui s'y noue et s'y joue est complexe.

La plupart des commentateurs ont tenté de montrer l'attrait que Hegel avait produit sur les « grands » penseurs français : Cousin, Proudhon, Renan, Taine et quelques autres. Mais ceux-là n'ont ni été les premiers, ni certainement les plus marquants. Le chemin que parcourut alors la pensée de Hegel est, comme celui de la conscience qu'il avait lui-même décrit dans la *Phénoménologie de l'esprit*, un chemin sinueux, tortueux, empruntant des méandres inattendus.

Au fond, on peut se poser une question : quel est le véritable indice, ou le réel indicateur de la diffusion d'une pensée ? Une « réception » est-elle achevée au moment de l'inscription de l'auteur au programme du concours de l'agrégation ? Du moins, c'est à ce moment-là que l'auteur devient proprement « classique ». Dans le cas de Hegel, cette inscription académique a été tardive, puisque ce n'est qu'au moment de son bicentenaire, en 1970, que le texte des *Principes de la philosophie du droit* a été mis au programme de l'agrégation de philosophie. Toutefois, pour être reçu de cette façon et devenir « classique », il faut bien que les textes de l'auteur soient traduits. Mais, là encore, une traduction n'a lieu que si l'on sent pour diverses raisons qu'elle a lieu d'être. Il faut, pour qu'un traducteur « s'attaque » à des textes comme ceux de Hegel, qu'il y ait dans le public un intérêt pour ces textes. Aucun édi-

32 Hegel, *Leçons sur la philosophie de l'histoire*, trad. Gibelin, Paris, Vrin, 1987, p. 340.

teur n'accepterait de publier une traduction en sachant par avance sa vente compromise. Certes, ce facteur purement commercial peut apparaître hors de propos. Pourtant, quiconque a publié un livre sait bien qu'il n'est pas négligeable pour un éditeur de savoir à l'avance que le livre sera vendu ! Cela conditionne l'édition elle-même, et le tirage du livre. Or, si l'on cherche à comprendre comment une pensée a pu se diffuser, ce caractère extérieur du nombre de livres mis en circulation peut revêtir une importance. L'inscription d'un auteur à un programme officiel d'enseignement provoque ainsi une recrudescence des ventes de ses ouvrages, et, par là, la diffusion de sa pensée se fait plus aisée.

En France, avant la seconde moitié du XXe siècle, les traductions des ouvrages de Hegel n'étaient pas nombreuses. Au XIXe siècle, en particulier. La première œuvre publiée en France, était l'*Esthétique*, traduite par Charles Bénard entre 1840 et 1852. Augusto Vera traduira également la *Philosophie de la Nature* et la *Philosophie de l'Esprit*, deux parties de l'*Encyclopédie*. Mais la *Philosophie du droit* dut attendre André Kaan, en 1940, et la *Phénoménologie de l'esprit*, Jean Hyppolite en 1939 et 1941.

Mais il ne suffit pas qu'un auteur soit traduit, il faut encore qu'une telle traduction réponde à une demande du public ; et, peut-être en particulier, du public savant. Mais pas seulement.

Et nous reposons la question : quel critère peut nous permettre de mesurer l'impact, l'influence, la pénétration d'une pensée ? Nous ne devons pas, si nous voulons tenter de la mesurer au mieux, nous limiter au strict secteur universitaire ou académique. Et nous serons certainement plus étonnés de voir Hegel connu parmi les ouvriers de la mine dans le Nord de la France que sur les bancs de la Sorbonne.

Hegel connut, au XIXe siècle, un destin particulier. Le grand public put avoir connaissance de certains éléments de sa pensée. Cette connaissance n'est certes pas celle que nous en avons aujourd'hui. Elle est incomplète, parcellaire, lacunaire, et, partant, souvent erronée, frauduleuse ou tout à fait inexacte. Néanmoins, ce semblant de connaissance possède-t-il, en lui-même, une importance. Il fallait d'abord connaître à moitié pour prendre conscience de la nécessité d'aller plus loin. Il fallait faire des erreurs pour les rectifier, il fallait des lacunes pour les combler.

Il est probable que si les universitaires mirent si longtemps avant de s'emparer réellement de la pensée de Hegel pour la commenter, la traduire, la débattre, pour rectifier les vues anciennes, pour redonner à Hegel le rang et la stature qui lui convenaient, pour l'inscrire aux programmes des cours et des concours, c'est parce que, précisément, Hegel jouissait, en France, au milieu du XIXe siècle, d'une réputation peu attrayante.

La figure de « l'hégélien » dépeint par Valérie de Gasparin le prouve.

S'il faut certainement nous méfier, comme le voulait Bergson, de ce qu'il appelait « l'illusion rétrospective », il n'en reste pas moins que nous devons assumer cette rétrospection et la considérer comme un élément fondamental du travail d'analyse que nous avons à fournir. En réalité, ce que nous avons à faire, c'est ce que j'appelle une « phénoménologie de la réception ».

En un sens ici nous avons bien affaire à une doctrine, en l'occurrence, la philosophie de Hegel, qui devient étrangère à soi-même. L'esprit immédiat de Hegel, qui avait pu se trouver incarné dans des écoles (l'école jeune hégélienne d'un côté, ou l'école de la droite hégélienne de l'autre – pour schématiser considérablement), cet esprit se trouve ici, par ce biais-là, totalement dissous dans le monde des personnes privées, « les disciples ». Autrement dit, dans le vocabulaire hégélien, la substance spirituelle, à savoir la philosophie de Hegel lui-même, est devenue la relation formelle des individus singuliers – les hégéliens, pris dans le combat qu'ils mènent pour s'exclure les uns les autres. Le Soi initial de la doctrine s'est réfugié dans la pure certitude abstraite de soi des disciples : *êtes-vous hégélien* ? Ce monde de l'hégélianisme n'est plus le monde harmonieux et reposant en et sur soi-même, c'est-à-dire le monde de la doctrine telle qu'elle est exposée par Hegel lui-même, mais il est désormais un monde déchiré, divisé, le monde de l'esprit devenu étranger à soi-même. Il se fabrique donc, à un moment déterminé, une sorte de monde de la culture hégélienne. Ici, il faut bien entendre culture comme l'entendait Hegel lui-même :

« *Bildung* », c'est-à-dire à la fois culture intellectuelle mais aussi culture politique.

Si l'on veut, avec l'exemple que Barrès nous fournit, nous avons affaire à un monde qui est bien un monde de la culture hégélienne, mais qui, en tant que tel, ne se sait pas hégélien. Une conscience philosophique aliénée et qui ne s'est pas encore saisie elle-même pour devenir conscience de soi philosophique. Les ouvriers sans culture, dont parle Barrès, exposent une doctrine, parlent selon les termes mêmes d'une doctrine qu'ils ignorent, ou dont ils ignorent l'origine, l'essence ou la substance individuelle première : ils ne connaissent pas Hegel ; comme le dit Barrès, la doctrine de Hegel eut alors une influence même sur ceux qui ne l'entendirent jamais nommé

Il se trouve dans l'histoire que se dévoile ainsi, parfois, une très étrange indépendance des œuvres à l'égard de leurs auteurs, des vues qu'eux-mêmes avaient, des intentions qu'ils se formaient pour eux-mêmes, du destin que parfois ils imaginaient pour leurs créations. Jean Hyppolite, conscient de la difficulté sémantique qu'offre le mot « aliénation » en langue française, propose de traduire ce mouvement du « devenir étranger à soi-même », le « *Entfremden* » allemand, par « *extranéation* », il s'agit d'un terme qu'il forge à partir du latin « *extraneus* »[33], l'étranger, extérieur, du dehors. L'utilisation de ce mot, difficile, d'extranéation permet, selon Hyppolite, d'éviter la confusion, en français, avec l'aliénation comme maladie mentale.

Ce qui est ici en l'occurrence très étrange, c'est que ce mouvement d'aliénation, porté au plus haut niveau de sa théorisation spéculative par Hegel lui-même, lui venait de l'observation qu'il avait pu faire, en son temps, de la France, et en particulier du monde des Lumières et de la Révolution française. Et, par un retour étonnant, par une de ces ruses dont l'histoire possède le secret, c'est en France que la philosophie hégélienne a trouvé l'un des terrains les plus propices à sa propre aliénation.

Pourtant il ne faut pas se concentrer exclusivement sur cet état particulier que nous tentons d'associer à un état d'aliénation ; car celui-ci n'est que le résultat d'un processus. L'aliéna-

33 Cf. *Phénoménologie de l'esprit*, trad. Hyppolite, Paris, Aubier, II, p.49, n. 85.

tion n'est pas en elle-même une explication suffisante, elle n'est pas la cause du processus qui mène à elle.

Dans le cas que nous observons, les ouvriers du Borinage n'ont aucune conscience de l'aspect « hégélien » de leur discours ; c'est en ce sens que nous pouvons y voir une aliénation de l'hégélianisme. Mais celui qui les écoute, celui qui reconnaît dans ce discours des fragments de dialectique hégélienne, lui, connaît suffisamment Hegel, ses œuvres, sa méthode, sa phraséologie, sa dialectique pour la reconnaître, même là où elle ne prétend pas être et où on ne prétend pas la mettre !

Il y a là une intention particulière de Maurice Barrès. Il cherche à associer dans sa critique, ou plutôt dans sa dénonciation, Hegel et la révolte ouvrière de la fin du XIXe siècle. Ce qu'il dénonce dans cette diatribe, ce n'est pas Hegel de façon directe, il prend un détour ; Hegel lui sert de détour : c'est de Marx et de quelques autres qu'il est finalement question !

« Notre Proudhon, comme Marx et Bakounine, tient de Hegel » avoue-t-il au détour d'une phrase de son article.

Hegel pourrait s'insurger et reprendre à son compte la protestation de Rousseau, au début de la *Sixième lettre de la Montagne* : « C'est comme si l'on jugeait quelqu'un pour avoir tué un homme sans dire ni où, ni qui, ni quand, pour un meurtre abstrait ». Faut-il alors, à la manière d'une Inquisition, qu'un hégélianisme torturé devine de quoi on l'accuse ?

Barrès ne va pas si loin et, reprenant à bon compte et grossièrement l'idée hégélienne de ruse de l'histoire, il n'accuse Hegel qu'à moitié, et lui reconnaît des circonstances atténuantes :

« La voilà bien cette belle ironie que nous signalions : l'idée hégélienne, bienfait ou fléau, a traversé le monde, en saccageant et en fécondant, sans que son auteur se soit jamais douté de conséquences qu'il n'avait pas prévues et qu'avec tout son génie il eût été incapable de modifier ».

Marx, Proudhon, les socialistes de toutes tendances se voient tous associés par Barrès dans un même mouvement, dans une même filiation ; il leur accorde à tous un grand ancêtre commun : Hegel ! Lequel ancêtre ignore évidement tout de l'usage que l'on fera de son héritage. Il est frappant de constater qu'à la fin du XIXe siècle, au moment où précisément le socialisme, comme doctrine et comme pratique, prend un certain essor, se voit presque immédiatement renvoyé à une origine hégélienne par les penseurs conservateurs. Mais pas seulement par les conservateurs : Jaurès rédigera sa thèse sur les origines du socialisme en Allemagne chez Schelling et Hegel.

Durant toute une période de son histoire, l'hégélianisme sera rejeté des bancs de l'Université, parce qu'assimilé rapidement à Marx et à quelques autres. En France, ainsi, la Troisième République préférera l'étude et l'inspiration de Kant. Jusque dans les années 1930, sous la domination de Léon Brunswig, l'Université française restera majoritairement kantienne – et cartésienne, bien sûr. « Les chiens de garde » comme les appelait Paul Nizan, feront jouer Kant contre Hegel, souvent même sans mentionner cette filiation avec Marx qui pourtant reste bien un des arrière-plans théoriques du refus de Hegel.

À partir des années 30-40, on a vu Hegel commencer à être réhabilité en France ; un « retour à Hegel » s'est opéré par l'entremise de plusieurs figures importantes de la philosophie de cette époque : Kojève et son cours à l'École pratique des Hautes Études, Alexandre Koyré, Jean Walh qui avait fourni un extrait de la *Phénoménologie* en traduction (*Le malheur de la conscience*), et courageusement, pendant la Seconde Guerre mondiale, Jean Hyppolite et André Kaan qui donnèrent leur traduction de la *Phénoménologie de l'esprit* pour le premier, des *Principes de la philosophie du droit* pour le second.

Après la guerre, les études hégéliennes se développèrent considérablement en France, tout comme les études marxistes ; mais, élément bien étrange encore au regard de l'accusation commune qui fut portée à leur encontre pendant presque un siècle, les philosophes qui étudièrent Marx et Hegel, comme Louis Althusser par exemple, s'employèrent au contraire à éloigner ces deux grands penseurs allemands. Althusser refusait de reconnaître qu'il put y avoir une quelconque influence de Hegel sur Marx, en particulier sur le Marx de la maturité. Aussi, lorsque dans les années 70, un essayiste comme Daniel Lindenberg, se penchant sur la période intellectuelle de la fin du XIXe siècle et du début du XXe, déclare de façon péremptoire que le marxisme y est « introuvable », selon le titre de son livre, c'est bien assurément qu'il ne l'a pas cherché du bon côté. S'il s'était quelque peu intéressé à cet étrange hégélianisme, probablement aurait-il trouvé des matériaux utiles à ses analyses. Au lieu de cela, il répète, comme une idée reçue : « Finalement on en arrive à un tableau curieusement uniforme du statut de Hegel dans l'Université et le mouvement ouvrier français en 1914 : un quasi inconnu »[34]. Barrès, lui, peut-être parce qu'il cherchait à le dénoncer, avait su trouver chez les ouvriers sans culture de la mine de l'hégélianisme et du marxisme.

Pourtant, donc, Hegel connut à partir des années 30, en France, un regain d'intérêt, en particulier chez les existentialistes et chez les phénoménologues, et malgré tous les aléas de sa « réception », il put devenir un auteur important, étudié, commenté, traduit ; un « classique » en quelque sorte, et l'on a oublié cette époque où les comtesses en voyage croisaient sur leur chemin des capitaines hégéliens !

Aussi, si la réception ultime d'un auteur se situe bien dans son inscription dans les programmes officiels des enseignements académiques, celle-ci n'est que le résultat d'un processus historique parfois singulier que seule, à mon sens, une *phénoménologie de la réception* est susceptible de mettre au jour selon ses aspects théorico-pratiques ; car elle ne peut se limiter exclusivement à enregistrer une réception achevée, mais elle doit saisir dans leur développement les processus concrets qui la déterminent, qui la construisent, et qui, tantôt positivement, tantôt négativement la façonnent.

C'est avec Hölderlin que je terminerai, citant l'ode qu'il consacre à Rousseau, et dont on peut, peut-être, reprendre les mots pour parler aujourd'hui de Hegel :

Notre journée humaine, ah, que ses bornes sont étroites !
Tu vis, tu vois, tu t'étonnes, – le soir est là.
Dors maintenant aux lointains infinis où les années
Des nations passent et disparaissent.
Et maint homme domine du regard son propre temps,
Un dieu lui montre le vierge espace, mais toi, plein de désir,
Tu restes sur la rive, un scandale à tes proches, une

34 D. Lindenberg, *Le Marxisme introuvable,* UGE, 10/18, p. 251.

Ombre, et tu n'as pas d'amour pour eux.
Ceux que tu nommes de leur nom, – ces nouvelles
présences
Promises – où sont-ils donc, pour qu'une main d'ami
Te réchauffe, où s'approche-t-il, ô toi qui parles solitaire,
Pour qu'une fois enfin tu sois compris !

2. *Posture méthodologique*

« Le même cours des planètes »

La réception philosophique et l'orbite des idées*

En 1839, dans un texte qui fut, on le sait, très important pour le jeune Marx et le jeune Engels, *La Critique de la philosophie de Hegel*, Ludwig Feuerbach tente un exercice périlleux : se projeter dans l'avenir. Mais, conscient du danger d'une telle démarche, il ne s'y risque que « pour quelques instants à peine » (*nur auf einige Augenblick*).

« La philosophie hégélienne ne sera-t-elle pas alors pour nous, dans le temps, une philosophie étrangère (*fremde*), transmise [par la tradition] (*überlieferte*) ? Pourrons-nous considérer la philosophie d'un autre temps, la philosophie du passé, comme la nôtre, comme actuelle ? Pourquoi donc les philosophies passent-elles, sinon parce que hommes et temps passent, et que les descendants ne veulent pas vivre de l'héritage de leurs aïeux, mais des possibilités qu'ils ont eux-mêmes acquises ? Ne verrons-nous pas alors dans la philosophie hégélienne une contrainte, et un fardeau, comme jadis les Réformateurs dans l'Aristote médiéval ? Ne se formera-t-il pas nécessairement une opposition entre vieille philosophie et philosophie nouvelle, entre l'une, qui n'est pas libre parce qu'héritée, et l'autre qui est libre parce qu'acquise par nous-mêmes, et la philosophie hégélienne ne sera-t-elle pas alors, *nolens volens*,

* Ce texte est issu d'une conférence donnée lors du congrès de la *Internationale Geselschaft Hegel-Marx fur Dialektische Denken* à Naples.

rejetée du rang de réalité absolue de l'idée à la place modeste de la réalité déterminée et particulière ? Est-il donc non rationnel, contraire au devoir et à la tâche de l'homme qui pense, d'anticiper par la raison les effets nécessaires et inévitables du temps ? de reconnaître par avance dans la nature de la chose ce qui se produira de soi-même un jour par la nature du temps ? »[1]

Feuerbach ne s'est pas assez projeté en avant, et il n'imaginait certainement pas, en 1839, qu'il allait lui-même servir de jonction entre une ancienne philosophie, une philosophie classique et une nouvelle philosophie ; il ne devait pas lui-même à ce moment-là se considérer comme étant l'élément qui devait permettre et favoriser la sortie (*Ausgang*) de la philosophie classique allemande, et lui donner par là une issue (*Ausgang*) nouvelle.

Ce qu'il me semble intéressant de souligner ici, c'est l'idée d'un processus historique qui, appliqué aux philosophies, ferait d'elles, avec le temps, des philosophies devenues étrangères les unes aux autres. Or, ce processus-là est bien décrit par Hegel lui-même comme étant ce qu'il appelle l'aliénation, *Entfremdung*. Dans ce processus, que Feuerbach semble, dans une certaine mesure, déplorer bien qu'il l'estime inéluctable, il y a bien aussi, de façon sous-jacente, l'idée d'une globalisation, l'idée d'un procédé historique qui vise à englober chaque philosophie dans cette sphère générale du passé, de l'héritage. Ce qui, aujourd'hui, nous apparaît comme le plus absolu sera, demain, relégué au rang de simple moment relatif, trouvera, avec le temps, une place plus modeste dans le cours même de l'histoire générale de la philosophie. Le vieux Corneille peut à nouveau répéter à la jeune marquise :

« Le temps aux plus belles choses
Se plaît à faire un affront :
Il saura faner vos roses
Comme il a ridé mon front.

1 L. Feuerbach, *Critique de la philosophie de Hegel*, in *Manifestes philosophiques*, choix de texte et traduction par Louis Althusser, Paris, PUF, " Épiméthée ", 1960, p. 17. Notons que le titre de ce recueil n'est pas de Feuerbach mais a été choisi par Althusser pour réunir ce choix de textes. Nous avons, à plusieurs reprises, modifié la traduction d'après le texte *Zur Kitick der hegelschen Philosophie*, éd. Reclam, Leipzig, 1959.

Le même cours des planètes
Règle nos jours et nos nuits,
On a vu ce que vous êtes,
Vous serez ce que je suis »[2].

Cet appel au cours des planètes, qui n'est certes pas rare dans la poésie classique, nous renvoie pourtant lui aussi à l'idée de globalisation ; c'est le cours bien réglé et bien déterminé du globe qui fait perdre à la rose « les plis de sa robe pourprée ». Et ce qui nous apparaît aujourd'hui « en sa plus verte nouveauté », sera demain dépassé, rassis, emmené inexorablement par le cours du temps, englobé dans la totalité du passé et de la tradition.

Il n'en va pas néanmoins exactement de la même façon pour les philosophies que pour les jeunes marquises convoitées par les vieux poètes.

Tout semble éternellement concourir à retrouver l'unité originelle, première, ce qui se sépare du Tout revient au Tout ; Galilée, dès le *Dialogue sur les deux grands systèmes du monde* avait senti la nécessité de la globalisation :

« Or, si de ce que toutes les parties de la terre s'accordent entre elles et conspirent pour former leur tout, il résulte qu'elles y concourent toutes avec une inclination égale, et qu'elles composent une sphère pour s'unir le plus possible entre elles, pourquoi ne devrions nous pas alors croire que, si la Lune et le Soleil, et les autres corps du monde ont également une forme ronde, c'est tout simplement parce que leur instinct concourent naturellement ? Qu'une de leurs parties, par une quelconque violence, soit séparée de son tout, n'est-il pas raisonnable de croire qu'elle y retourne spontanément, en vertu d'un instinct naturel ? »[3]

Permanence du mouvement, intégration naturelle à la totalité, instinct qui porte vers l'unité, vers le grand tout harmonieux de la nature.

Mais qu'en est-il de ce que dit Feuerbach ? Même en considérant la philosophie comme le grand tout historique des philo-

2 Pierre Corneille, *Stances à Marquise*.
3 Galilée, *Dialogue sur les deux grands systèmes du monde*, trad. R. Fréreux et F. de Gandt, Paris, éd. du Seuil, 1992, p. 68.

sophies, même en nous envisageant nous-mêmes comme des nains juchés sur des épaules de géants, comment peut-on considérer qu'une philosophie puisse devenir étrangère à elle-même et à sa propre historicité ? Comment, dans l'histoire, une philosophie peut-elle être soumise à ce mouvement de l'aliénation – si nous acceptons d'étendre les significations de ce terme ?

Certes, Feuerbach prétend pouvoir dépasser Hegel, il estime être en mesure de proposer une philosophie nouvelle et, au fond, pour lui, nul n'est besoin de se projeter dans un avenir trop lointain. Mais Marx, dans l'*Idéologie allemande*, fera une critique de cette manière de penser de Feuerbach, et ce qu'il lui reprochera, c'est l'absence de globalité dans son approche de Hegel ; il observe la dépendance à l'égard de Hegel, et il estime que les critiques menées contre lui ne sont que parcellaires, et qu'en cela, dans cette absence même de globalisation, elles ratent leur coup :

« Cette dépendance de Hegel est la raison pour laquelle vous ne trouverez pas un seul de ces modernes critiques qui ait seulement tenté de faire une critique d'ensemble du système hégélien, bien que chacun jure avec force qu'il a dépassé Hegel. La polémique qu'ils mènent contre Hegel et entre eux se borne à ceci : chacun isole un aspect du système hégélien et le tourne à la fois contre le système tout entier et contre les aspects isolés par les autres. »[4]

Alors, pour comprendre ce processus d'aliénation, comme n'importe quel autre processus d'aliénation, il faut commencer par saisir la philosophie hégélienne dans sa globalité, comme un tout unifié. Et pour l'étude particulière de sa réception, il ne s'agit pas de marcher sur la tête ; la réception d'une philosophie se fait, elle aussi, sur des bases matérielles ; la philosophie de Hegel, si l'on prend l'exemple de sa réception en France, ne passe pas seule le Rhin. Elle est accompagnée, portée dans ce mouvement par des individus réels, concrets, vivants. Elle s'objective certes en une chose – un livre – que l'on peut mettre dans son sac et transporter, que l'on peut vendre et en cela aliéner au sens juridique du mot ; mais cela n'est pas suffisant ; elle passe aussi clandestinement la frontière ; ce qu'elle devient,

4 K. Marx, *L'Idéologie allemande*, trad. G. Badia, éd. Sociales, 1968, p. 43.

ailleurs est déterminé par les conditions mêmes de vie, d'existence, de pensée de ce lieu vers lequel elle se dirige. « Ce n'est pas la conscience, dit Marx, qui détermine la vie, mais la vie qui détermine la conscience ». Ce n'est pas comme un objet autonome que la philosophie hégélienne peut être reçue hors d'elle-même, c'est parce que la vie impose en quelque sorte cette réception. Or cette réception est d'abord un processus global, elle n'est pas la collection de quelques éléments épars de la doctrine ; elle ne procède pas, en réalité, comme les critiques de Hegel dont Marx parle.

Pour comprendre ce phénomène de réception il s'agit donc de cesser, momentanément, d'envisager la doctrine comme étant le seul lieu d'exercice d'une spéculation, mais il faut aussi, dans le même temps, l'envisager comme une activité réelle concrète des hommes qui ne peuvent dès lors être considérés comme isolés les uns des autres, mais au contraire comme participant, en globalité, à ce même mouvement.

« C'est là, dit encore Marx, où cesse la spéculation, c'est dans la vie réelle que commence donc la science réelle, positive, l'exposé de l'activité pratique, du processus de développement pratique des hommes. Les phrases creuses sur la conscience cessent, un savoir réel doit les remplacer. »[5]

Autrement dit, il ne s'agit pas de considérer la réception d'une doctrine comme étant détachée de l'histoire réelle, globale. En cela, il faut donc envisager ce processus de la même manière que n'importe quel autre processus historique.

Marx a certainement raison de dire que Feuerbach ne vise qu'un aspect parcellaire de Hegel, qu'il ne pense, en somme, qu'aux représentations religieuses. S'il avait envisagé la philosophie hégélienne de l'histoire, Feuerbach se serait aperçu que Hegel lui-même avait décrit ce mouvement dont il parle pour le critiquer. Mais Hegel avait décrit ce processus selon les modalités de la dialectique qui échappent ici à Feuerbach. Hegel, en effet, a souvent expliqué comment chaque génération s'approprie ce que les générations antérieures avaient produit. Bien sûr, chez lui, cette réappropriation est spirituelle :

5 *Idem*, p. 51.

« Chacune des créations de l'esprit, dans laquelle il a trouvé sa satisfaction, se présente constamment à lui comme une nouvelle matière à élaborer. Ce qui est sa culture devient un matériau, et en le travaillant il s'élève à une nouvelle culture. »[6]

Ce processus d'appropriation a lieu après que l'aliénation a elle-même opéré. Il peut arriver que les qualités propres d'une chose lui échappe, il se peut qu'à un moment mes qualités propres m'échappent et il se peut même que cela se passe sans que je m'en aperçoive. Le travail de la *Phénoménologie de l'esprit* est celui de cette prise de conscience, la conscience que je m'échappe à moi-même, la conscience, par exemple, que l'esclave prend de sa servitude, ou que le neveu de Rameau prend de sa condition de parasite. De même, il se peut que les qualités propres d'une philosophie finissent par lui échapper ; dans les traductions en langue étrangère de l'hégélianisme la philosophie de Hegel devient, en quelque sorte, étrangère à elle-même. Peut-être est-ce pour cette raison que Hegel n'avait pas souhaité de son vivant être traduit. Peut-être n'est-ce pas seulement parce qu'il considérait la langue allemande comme la plus propice – voire la seule propice – à l'exposition de sa doctrine. Peut-être est-ce aussi parce qu'il avait saisi que dans l'entreprise même de la traduction – qu'il connaissait et qu'il avait lui-même dans sa jeunesse pratiquée – une partie de sa pensée pouvait lui échapper, voire s'échapper à elle-même, et devenir, si l'on veut, étrangère à elle-même, s'aliéner dans une langue étrangère !

Il faut modérer ici ce que nous avançons, car on ne peut tout de même pas dire que la philosophie de Hegel n'est plus la philosophie de Hegel !

Et il faut accepter ici le caractère très hypothétique de ce propos et de cette vision d'une forme assez particulière d'aliénation.

Toutefois, ce que nous cherchons à mettre en évidence, c'est un processus ; processus par lequel d'autres que Hegel se sont appropriés sa philosophie, l'érigeant ainsi, plus ou moins légitimement, en « hégélianisme ». À ce mouvement que, peut-être, l'on peut qualifier de processus d'aliénation succède donc un

6 Hegel, *Die Vernunft in der Geschichte*.

mouvement de réappropriation. Car toute séparation est en même temps une union ; il y a un renversement qui se produit. Dans l'œuvre elle-même certains privilégient la séparation et prétendent qu'on ne retrouve pas dans le vieil Hegel celui de la maturité, ce qu'il avait lui-même avancé dans sa jeunesse.

Il faut pourtant qu'une forme de continuité s'installe pour comprendre l'œuvre, pour en saisir l'unité, la globalité. Ce qui, d'abord, peut paraître dispersé, désuni, rompu, doit être reconstruit, réintégré, ressaisi dans sa globalité pour pouvoir être compris historiquement.

Il en va de même pour le devenir de la doctrine. Si c'est bien à Hegel que l'on doit l'hégélianisme, il faut bien aussi admettre qu'à un moment donné l'hégélianisme s'est en quelque sorte émancipé de la tutelle de son auteur. D'autres que lui se sont revendiqués de sa philosophie, s'en sont emparée, ont tenté d'en poursuivre les développements ou au contraire de les limiter et de les critiquer.

La tâche qui revient à une théorie de la réception ce n'est pas d'ajouter abstraitement de l'interprétation à de l'interprétation, mais de comprendre le mouvement qui fait passer une œuvre de son temps au nôtre, qui la rend non pas muette devant notre temps, mais, au contraire, riche encore d'elle-même. Une œuvre comme celle de Hegel a su traverser les différentes époques de l'histoire jusqu'à nous en étant diversement lue, interprétée, comprise. Ces différentes compréhensions doivent à leur tour être comprises, et pour cela il convient de les envisager dans leur temps, relativement à leur temps. Hegel lui même nous y invite : pour comprendre le développement de sa propre doctrine dans sa réalité, il faut la saisir dans sa rationalité. Et pour cela il nous faut nous retourner et regarder le passé dans sa totalité, l'englober dans le mouvement qui le conduit à nous ; nous ne pouvons pas ne prendre du passé que ce qui nous semble devoir servir l'interprétation que nous en faisons. D'Alembert rapporte qu'un historien du XVIIe siècle, Varillas, accusé d'avoir altéré la vérité d'un fait dans sa narration, répondait : « qu'importe ! le fait n'est-il pas mieux tel que je l'ai raconté ? »

Ne peut-on pas, aujourd'hui encore, discerner certains procédés analogues ? Plutôt que de surmonter les contradictions inhérentes à l'Histoire, on préfère les récuser, ou mieux encore, ne pas s'en soucier. L'Histoire peut apparaître, alors, comme une suite de procédés discursifs faite de ruptures successives et de couches épistémologiques. On cherche à mettre en suspens les unités, à rompre avec une vision de l'Histoire qui cherche à décrire les continuités et à reconstruire les développements. « Genèse, continuité, totalisation, ce sont là les grands thèmes de l'histoire des idées, et ce par quoi elle se rattache à une certaine forme maintenant traditionnelle d'analyse historique (...). » Or, prétendra Michel Foucault, « la description archéologique est précisément abandon de l'histoire des idées, refus systématique de ses postulats et de ses procédures. »[7]

C'est proprement là une tentation qui récuse l'Histoire... Ici, elle entre dans le cabinet du naturaliste !

La démarche que se propose de suivre une théorie de la réception tente au contraire de renouer avec la philosophie hégélienne de l'histoire, elle veut saisir les manifestations de la vie dans l'Histoire, cherchant à débusquer l'activité, le mouvement et aussi, souvent, les contradictions.

En ce sens, ce qu'il convient peut-être de montrer, c'est ce caractère fétichiste de l'œuvre philosophique. On ne peut qu'observer, en analysant la réception d'une pensée philosophique, son caractère très embrouillé. On pourrait dire, peut-être un peu trop caricaturalement, que, dès qu'une doctrine entre sur la scène de l'histoire de sa propre réception, elle devient une sorte de « sensible-suprasensible ». N'y a-t-il pas en effet quelque chose de mystérieux à ce perpétuel mouvement d'interprétation, de réinterprétation et parfois de surinterprétation des doctrines ? Aussi, ce qu'il s'agit de faire, à la manière peut-être dont procède Marx lorsqu'il examine la marchandise, c'est de tenter d'expliquer en quoi consiste réellement cette transmission des doctrines et de leurs interprétations successives. D'où peut bien provenir ce caractère énigmatique ? Il y a, dans une certaine mesure, une analogie possible avec le célèbre et difficile passage du *Capital* sur le fétichisme de la marchandise. En effet, dans le cas de la marchandise, Marx nous explique qu'elles ne sont pas des choses, mais « des rapports

7 M. Foucault, *L'Archéologie du savoir*, Paris, Gallimard, 1969, p. 181.

sociaux entre des personnes portées par des rapports entre des choses ? »

En réalité, sous l'apparence mystérieuse, énigmatique de l'évolution historique d'une pensée philosophique se cache une logique, une rationalité. Une pensée ne se transporte pas dans le temps de manière surnaturelle, elle ne passe pas d'une époque à l'autre sans que soient mis en jeu, dans cette traversée, des rapports sociaux qu'il convient d'étudier et de saisir. Il y a peut-être quelque chose de suprasensible dans la pensée, en tant que telle, elle ne peut ni se toucher, ni se voir, ni se sentir, ni encore moins se goûter. Alors, pour voyager dans les époques de l'histoire, il lui faut bien s'objectiver, se rendre concrète et effective, il lui faut se rendre sensible dans des rapports sociaux. La transsubstantiation du corps du Christ a besoin de l'hostie pour que les fidèles s'en saisissent !

Ce que la théorie de la réception tend à comprendre, ce sont ces persistances : pourquoi, si l'on reprend à nouveau le passage cité de Feuerbach, alors que le temps fait subir à toute chose une dépréciation, certaines choses, certaines structures sociales, certaines institutions, certaines pensées persistent-elles ? Feuerbach prétend rejeter la philosophie de Hegel hors de l'esprit du temps… mais le moribond est encore étonnamment tenace ! Il survit même largement à celui qui prétend ici le dépasser.

Hegel, nous dit Jacques D'Hondt[8], aimait citer Pindare :

« *Mais l'avenir apporte le témoignage le plus véridique !* »

Étudier la réception de la philosophie de Hegel, c'est se situer dans son avenir pour en faire l'histoire. La tâche reste constamment la même : comprendre ce qui est, et comment ce qui est, est advenu.

Mais l'histoire de l'hégélianisme est parsemée de difficultés, elle creuse son sillon dans la réalité concrète, ne se donne pas comme achevée, dans les méandres de sa propre histoire, elle creuse comme une vieille taupe que nous devons suivre. C'est dans l'histoire que l'idée se réalise, c'est aussi dans l'histoire qu'elle peut s'objectiver et devenir. Mais les mobiles de l'histoire ne coïncident pas toujours avec la fin qui est advenue.

8 J. D'Hondt, *Hegel philosophe de l'histoire vivante*, Paris, PUF " Épiméthée ", 1987 (2e éd.), p. 227.

Dans la théorie de la réception aussi nous pouvons déceler une sorte de ruse, qu'il convient d'analyser et de comprendre. Parfois les disciples s'avèrent plus malfaisants encore que les ennemis. Certains auteurs qui ont voulu ou prétendu enterrer Hegel ont permis cependant qu'on en parle ; ils l'ont fait connaître, ont perpétué son nom, même négativement, même pour le déprécier. Il peut arriver aussi qu'ici où là, dans les plus sombres cantines du Nord, par exemple, un auditeur attentif des réunions politiques des ouvriers du Borinage décèle, sans que ceux-ci ne s'en rendent compte, la dialectique du professeur d'Iéna.

Étudier la réception d'une philosophie, c'est la suivre dans ses vicissitudes, prendre avec elle le chemin qu'elle a déjà parcouru pour arriver jusqu'à nous. Elle n'a pas passé par-dessus l'histoire pour nous être livrée telle qu'en elle-même elle s'était présentée en son temps. Pas plus qu'on ne saute par-dessus Rhodes, la philosophie de Hegel n'a sauté par-dessus les deux cents ans qui nous séparent de ses premières expressions.

Un exemple cocasse servira de conclusion à ces quelques hypothèses. En 1804 paraissait dans les *Archives littéraires de l'Europe* un article d'un jeune érudit alsacien, Jean-Geoffroi Schweighauser, intitulé : « Sur l'état actuel de la philosophie en Allemagne ». Il y décrit une « secte d'idéalistes » qui « place Spinoza au rang de leurs plus grands prophètes » et pour lesquels la raison universelle forme « ce grand tout que nous appelons l'univers ».

Parmi les membres de cette secte il mentionne Schelling et Hegel ! En 1804, c'est là probablement la première mention du nom de Hegel en France. Cela, en soi, aiguise notre curiosité. Mais ce qui est bien plus curieux encore et qui constitue une sorte de ruse de la « réception », c'est que ce jeune érudit était le précepteur des enfants du marquis de Voyer d'Argenson. Et, la même année, il écrit à son employeur pour lui indiquer l'accueil fait à cette revue dans les milieux politiques parisiens, et voici ce qu'il dit :

« Nos Archives littéraires se consolident, et n'ont été encore critiquées que par Bonaparte qui trouve qu'on a mis trop de noms étrangers ! »

Hegel savait que l'Histoire recelait bien des surprises, mais n'eut-il pas été, rétrospectivement, le premier surpris de constater que son nom était déjà connu de celui qu'il allait voir passer trois ans plus tard à cheval devant lui, à Iéna, en le prenant pour l'âme du monde !

Persistance et devenir*

Hegel a été, dans le temps qui nous sépare de lui, abondamment commenté, étudié, traduit. Son œuvre a été diffusée, non seulement en Europe, mais partout dans le monde. Si Stendhal ne se trompait pas en affirmant que la grande chance d'un auteur, deux cents ans après sa mort, c'est d'avoir encore des ennemis, alors Hegel est vraisemblablement l'un des plus chanceux philosophes de toute l'Histoire ! Car si Hegel possède beaucoup d'amis, il compte aussi une multitude d'ennemis, et certains se montrent particulièrement acharnés !

Dès les débuts du développement de sa doctrine, dès que l'hégélianisme prit naissance, il y eut, c'est un fait connu, des courants divers et même parfois opposés d'interprétations – des courants qui, bon an, mal an, et chacun selon son développement propre, peuvent encore se déceler aujourd'hui, malgré bien des différences. Certes, Hegel n'est pas le seul, ni le premier philosophe qui se trouve ainsi diversement interprété. Avant lui, Spinoza avait connu pareil destin. Représentant pour certains de l'athéisme et du matérialisme, d'autres, au contraire (Brunsvicg, par exemple) le tiennent pour un représentant de la foi.

* Conférence prononcée dans le cadre du colloque consacré à Hegel et organisé par la Société tunisienne de Philosophie à Hammamet.

La particularité de Hegel ne réside donc pas uniquement dans cette variété des interprétations, mais plutôt dans leur grande diversité, et dans leur grand nombre...

Hegel lui-même avait longuement analysé, dans la P*hilosophie de l'histoire,* la succession des doctrines philosophiques. Il avait montré, dans cette succession, la continuité, malgré de nombreuses ruptures. Il s'est attaché à monter que, malgré les contradictions plus ou moins apparentes, un lien profond unissait cette diversité dans l'Histoire.

Aussi, de ce point de vue, et si l'on veut adopter la méthode de Hegel et la lui appliquer, il devient particulièrement difficile de tenter de saisir, dans cette diversité d'interprétation que l'histoire de l'hégélianisme met à notre disposition, ce qui peut en constituer l'unité, ce qui fait que l'on peut dire de ces interprétations qu'elles sont ou non « hégéliennes ».

Peut-on établir, rétrospectivement, un critère à partir duquel nous pourrions, avec une certaine assurance, juger du degré d'hégélianisme d'une interprétation de Hegel ? Peut-on estimer, selon des critères objectifs, ce que serait, selon une expression de Jacques D'Hondt, « le bon usage de Hegel » ?

C'est évidement une difficulté qui ne se pose pas uniquement pour Hegel, mais qui intervient lorsque l'on veut comprendre ce que signifie, dans son développement historique, la réception de toute doctrine philosophique – et peut-être même au-delà de la stricte histoire de la philosophie.

Avec Hegel, il s'agirait de faire un usage hégélien de ses œuvres, mais précisément... C'est là tout le problème ! Car, bien souvent, notre premier rapport avec un philosophe est un rapport d'ignorance. Il y a une multitude de facteurs particuliers qui nous poussent à l'étude d'un auteur, et l'on a parfois du mal soi-même à les déceler, rétrospectivement. Mais, en tous les cas, notre première approche n'est jamais une approche de connaisseur. Nous n'avons la plupart du temps, et dans le meilleur des cas, qu'une idée très vague et approximative de sa pensée. Et c'est peut-être cela même qui nous attire vers lui et nous pousse à aller au-delà. Ces circonstances qui mettent un auteur sur notre chemin ne sont pas toujours déterminées philosophiquement.

Il faudrait pouvoir surmonter une première contradiction : comment savoir que ce qu'on lit lorsqu'on lit un auteur est bien adéquat ? Souvent, on s'aide des différents commentaires qui nous permettent – dans les cas les meilleurs – de trouver un éclairage sur une doctrine qui apparaît d'abord comme obscure, confuse ou totalement incompréhensible. Mais parfois, ces commentaires, au lieu de nous éclairer, nous embrouillent au contraire, voire nous détournent définitivement.

Il se peut aussi qu'au fil des années se forgent à propos d'une doctrine un certain nombre d'idées reçues, d'images plus ou moins fantasmées, que nous devons certainement combattre pour nous forger de cette doctrine une image plus ressemblante, plus fidèle à la réalité, un reflet adéquat, dirait peut-être Marx en pareilles circonstances. Mais pour combattre le préjugé, encore faut-il être en mesure de l'identifier. Il faut donc, nous ne pouvons pas nous en passer, lire avec obstination l'œuvre de l'auteur lui-même. Mais il faut encore que cette lecture ait quelque chose d'amical, il faut lire l'auteur en ami si l'on veut accéder à une réelle compréhension de son œuvre.

Or, le moins que l'on puisse dire, c'est que Hegel n'a pas toujours bénéficié d'une telle amitié chez tous ses lecteurs ! Et encore, chez beaucoup de ses commentateurs eux-mêmes !

Le devenir

Aussi convient-il de considérer l'étude de la réception de Hegel comme une part décisive des études hégéliennes, car c'est cette étude qui permet de saisir, dans son développement historique, le destin de l'hégélianisme. Et, en tout premier lieu, le passage de Hegel à l'hégélianisme. Il s'agit de saisir les différentes couches d'interprétation qui se sont succédées comme appartenant à l'histoire de la doctrine hégélienne. Il convient alors de les traiter, elles aussi, fussent-elles parfois éloignées de ce que l'on pense, en amies ; car elles sont ce qui a permis à Hegel de se maintenir jusqu'à nous, de persister durant ces deux cents années. Mais cette persistance s'est faite d'une manière particulière, d'une manière déjà toute hégélienne.

Ce qui persiste, ce qui se maintient, c'est en général ce qui est fixé, figé, un vestige ou une ruine, c'est ce qui ne bouge pas, le relief d'une doctrine jadis vivante, c'est ce qui est stationnaire et par conséquent qui est hors de tout devenir.

Or la particularité de cette persistance-là, c'est qu'elle est précisément une persistance dans le devenir. Persister, et devenir ! Étrange contradiction, mais qui n'étonne pas le lecteur de Hegel ! Hegel avait remarqué que dans la langue allemande un mot marquait en particulier une contradiction de ce type, c'est le verbe « *aufheben* » !

Dans l'addition au paragraphe 96 de la *Science de la logique*, Hegel remarque cette ambiguïté du mot « *aufheben* » :

« Il y a ici à rappeler, dit-il, la double signification de notre terme allemand « *aufheben* ». Par « *aufheben* », nous entendons d'abord la même chose que par « *hinwegräumen* » [abroger], « *negieren* » [nier], et nous disons en conséquence, par exemple qu'une loi, une disposition, etc, sont « *aufgehoben* » [abrogées]. Mais, en outre, « *aufheben* » signifie aussi la même chose que « *aufbewahren* » [conserver], et nous disons en ce sens, que quelque chose est « *wohl aufgehobven* » [bien conservée]. Cette ambiguïté dans l'usage de la langue, suivant laquelle le même mot a une signification négative et une signification positive, on ne peut la regarder comme accidentelle et l'on ne peut absolument pas aller faire à la langue comme reproche de prêter à confusion, mais on a à reconnaître ici l'esprit spéculatif de notre langue, qui va au-delà du simple « ou bien – ou bien » propre à l'entendement. »[9]

Certes, ici nous avons affaire à autre chose qu'un mot (fut-il aussi important que le mot « *aufheben* ») : c'est à toute la doctrine que nous nous attachons, la doctrine hégélienne dans son ensemble et dans son unité systématique. Mais nous avons affaire à un mouvement similaire : une doctrine qui doit persister et devenir, qui pour persister doit devenir.

Cela, certainement, ne doit pas signifier que pour se conserver (*aufbewahren*) la philosophie hégélienne a dû se nier (*negieren*) ; mais il y a, assurément, dans le devenir de l'hégélianisme un mouvement qui l'a distingué de Hegel lui-même, qui l'en a séparé. L'hégélianisme, en se constituant comme hégélianisme, s'est séparé de Hegel, il est devenu étranger à lui-même. Il s'est

9 Hegel, *La Science de la logique*, trad. B. Bourgeois, Paris, Vrin, 1986, p. 530.

aliéné dans les diverses interprétations qui se succédèrent, souvent se contredirent, parfois s'affinèrent. Alors, la tâche de l'historien de la philosophie hégélienne devient-elle de plus en plus difficile. Elle demande toujours plus d'attention, de minutie dans l'étude de ces interprétations ; elle exige qu'on en reconnaisse l'aspect négatif et l'aspect positif. Et l'on se laisserait trop volontiers aller à négliger l'un de ces deux aspects ! Oubliant parfois, dans cette précipitation, toujours à éviter, qu'un résultat négatif n'est pas une absence de résultat !

Il faut donc refaire le chemin parcouru par l'hégélianisme depuis Hegel jusqu'à nous. Mais il faut, à mon sens, le parcourir avec indulgence à l'égard de ceux qui peuvent parfois nous sembler commettre des erreurs trop grossières dans leur compréhension du système, ou qui, parfois, eux-mêmes, se montrent hâtifs dans leurs jugements. Ils peuvent bénéficier de circonstances historiquement atténuantes !

Aujourd'hui, nous sommes munis de l'ensemble des textes de Hegel et, à peu de chose près, les découvertes de nouveaux manuscrits, quoi qu'importants et souvent très précieux (comme la récente découverte d'Alain Patrick Olivier), ne modifient pas fondamentalement notre vision de l'hégélianisme. Elles permettent d'élargir, d'accroître, d'affiner notre connaissance, de la préciser, d'écarter des considérations erronées. Nous disposons de plusieurs traductions des œuvres majeures de Hegel, et malgré des erreurs pour certaines d'entres elles, elles viennent, elles aussi, augmenter considérablement la connaissance qu'on peut prendre de cette pensée.

Mais il n'en a pas toujours été ainsi. Il y a cent ans, peu de choses étaient traduites. *La Philosophie de l'histoire* ne fut traduite pour la première fois en français qu'en 1938, la *Phénoménologie de l'esprit*, qu'en 1939-1940. Les *Principes de la philosophie du droit* ont été traduits avec témérité, dans cette période, par André Kaan en 1940. Il dut alors publier sa traduction anonymement ! Monsieur Bourgeois nous a permis de lire en français les trois parties de l'*Encyclopédie des sciences philosophiques*, et nous a récemment offert une grande et belle traduction nouvelle de la *Phénoménologie*.

Mais, en France, dans les années 1933 – 1939, les auditeurs de Kojève à l'École des Hautes Études devaient ou bien lire l'allemand, ou bien faire confiance aux commentaires !

C'était pire encore au XIXe siècle ! Malgré quelques traductions, et en premier lieu celles de Augusto Verra (mais c'était un Italien !), ou celle de l'*Esthétique* par Charles Bénard, la plupart du temps, on ne connaissait Hegel que de seconde main. Aussi, à la fin du XIXe siècle et au début du XXe siècle, « le hégélianisme, selon les termes mêmes d'Alexandre Koyré, a donc souffert de la pire disgrâce qui puisse atteindre une doctrine où le verdict de l'histoire est érigé en norme suprême du jugement. »[10]

La ruse de l'Histoire

Il faut dire que l'Histoire n'a pas servi Hegel comme il l'avait lui-même servie ! C'est une ruse qu'elle lui fit : il eut la malchance de voir son centenaire célébré l'année où se déclenchait la guerre entre la France et l'Allemagne !

La France, qui aime les commémorations, s'apprête donc à célébrer le centenaire de la naissance de Hegel. Paul Janet avait même lancé une souscription pour permettre l'édification d'une statue du philosophe ; hélas, deux jours avant la date prévue de la commémoration, c'est l'un des épisodes les plus sanglants de la guerre qui devait avoir lieu : la bataille de Sedan. La fête prévue n'eut pas lieu, et ce fut même, comme par un renversement dialectique, une occasion ou un prétexte pour certains intellectuels français de participer, à leur manière propre, à ce que l'on pourrait presque appeler l'effort de guerre !

Et Hegel, bien involontairement, se trouvera alors mêlé aux querelles franco-allemandes.

Au début de 1871, dans la Revue des deux mondes, Émile Beaussire publie un article intitulé : « Le centenaire de Hegel en 1870 ».

« Depuis longtemps, l'Allemagne a toutes les ambitions ; mais ce n'était guère jusqu'ici que des ambitions idéales, plato-

10 Alexandre Koyré, « Rapport sur l'état des études hégéliennes en France » (1930), paru dans *Études d'histoire de la pensée philosophique*, Paris, Armand Colin, 1961, p. 208.

niques en quelque sorte. Elle veut aujourd'hui une grandeur solide et matérielle, personnifiée dans un César, appuyée sur d'immenses armées, incarnée non seulement dans l'unité, mais dans l'extension indéfinie de son territoire. Or le but qu'elle poursuit par la violence, par la conquête n'est que la réalisation d'idées hégéliennes. La philosophie de Hegel se nourrit d'abstraction ; mais elle ne se nourrit pas d'idées pures. Elle aime la force, elle préconise la guerre, elle est pleine d'enthousiasme pour les conquérants, elle leur confie tous les progrès de l'humanité, et le dernier mot de ces progrès, la dernière œuvre des politiques et des guerriers doit être la fondation d'un grand empire germanique. Voilà les théories dont s'enivrait l'Allemagne il y a quarante ans, lorsque ses guides actuels étaient étudiants en philosophie, et elle attend d'eux aujourd'hui qu'ils les glorifient en les appliquant. »[11]

Hegel qui fut tout au long de sa vie un admirateur, un ami de la France, un francophile convaincu, y compris dans des périodes où cette francophilie aurait pu lui porter préjudice, Hegel sur qui la France eut une influence importante, se voit alors défiguré, transformé en ennemi presque « héréditaire » ; et cette guerre de 1870 n'est rien d'autre que le plan tracé par Hegel et que Bismarck s'est contenté d'exécuter.

Dans cette période que Claude Digeon qualifiait de « crise allemande de la pensée française », Beaussire va donc tenter, maladroitement, dogmatiquement, sans aucune assise théorique véritable, de dénier à l'Allemagne et aux penseurs allemands le moindre rôle conséquent dans l'invention de la modernité philosophique, tout au plus leur rôle, selon lui, se bornera-t-il à celui d'architectes de la pensée.

Leibniz sera présenté comme un continuateur de Descartes, Kant comme un simple successeur de Hume, les successeurs de Kant comme de pâles copistes de Giordano Bruno ou de Spinoza, et Hegel, pour finir, deviendra le « prophète de Bismarck » !

Bien entendu, cela fait rire aujourd'hui, et personne ne peut plus prendre au sérieux ces allégations grotesques ; toutefois, dans un registre très différent, avec des intentions pratiques et

11 *Idem*, pp. 145-146.

surtout idéologiques toutes autres, dans une époque qui, malgré des similitudes, était largement différente de celle d'Émile Beaussire, on a pu voir des utilisations de Hegel aussi extravagantes.

Ainsi a-t-on pu, dans une sorte de délire théorique, associer Hegel à l'idéologie nazie. Ces élucubrations ne méritent pas nécessairement qu'on s'y reporte, et la plupart du temps, elles ne furent que très anecdotiques et bien sûr ne comportent, en général, aucun élément laissant entrevoir une réelle connaissance de l'œuvre de Hegel par ces auteurs. Néanmoins, l'une de ces vues, particulièrement délirante, put être portée par une voie qui n'est certes pas négligeable dans l'histoire de la philosophie du XXe siècle.

En effet, dans son ouvrage *La Société ouverte et ses ennemis*, Karl Popper, qui n'hésite pas à qualifier Hegel de « charlatan », va contribuer à diffuser une image faussée du philosophe de Berlin.

Hegel y est présenté comme « le chaînon reliant Platon au totalitarisme moderne » ; « suppôt de l'absolutisme prussien », il aurait eu « des successeurs racistes », et son historicisme « s'identifie à la philosophie du totalitarisme moderne » !

Là encore, pour nous, aujourd'hui, ces remarques semblent erronées, elles apparaissent comme des accusations sans fondement, elles ont été maintes fois portées, mais elles ont été aussi constamment combattues, et dès le début, par les amis et disciples de Hegel lui-même, Henri Heine ou Edouard Gans par exemple. Plus récemment Domenico Losurdo s'est attaché à montrer le libéralisme de Hegel, et Jacques D'Hondt a su sans relâche montrer que l'on peut percer le secret de Hegel, si on le lit, le comprend et l'interprète avec précaution, minutie et bienveillance.

Pour ce qui est de l'accusation de proximité doctrinale avec le nazisme, il faut tout de même remarquer que ce sont plutôt les adversaires déjà reconnus de Hegel qui ont procédé à une telle assimilation. Dans leur ensemble, les nazis, par ailleurs certainement incapables de cela, ne se sont pas revendiqués directement de Hegel ; les rares penseurs du régime, comme Rosenberg par exemple, ne mentionnent Hegel qu'avec un évident mépris et une absolue méconnaissance de ses œuvres. Toutefois, le préjugé reste tenace.

Un récent manuel d'histoire illustrée de la philosophie, édité en 2001, publiait encore une photo des jeunesses hitlériennes à l'article « Hegel » avec le commentaire suivant : « Hegel idéalisa l'État prussien de son époque ; c'est pourquoi certains le considérèrent comme le fondateur intellectuel du culte de l'État qui culmina avec Hitler... »[12].

L'héritage

On le voit avec ces exemples, l'étude d'une réception des idées philosophiques d'un auteur, de la diffusion et de la compréhension de ses œuvres mérite les plus grandes précautions. Il s'agit spécialement de ne pas plaquer sur les interprétations du passé celles de notre présent, et plus encore, si l'on tient à comprendre l'enchaînement des interprétations, leur source, il ne faut certainement pas faire comme si, par le passé, la connaissance de l'auteur était similaire à celle qu'on peut en avoir aujourd'hui.

Mais précisément, notre connaissance actuelle dérive de cette longue suite d'interprétations, fidèles ou erronées, exubérantes ou minutieuses, accusatrices ou idolâtres, positives ou négatives.

Nous ne pouvons faire comme si chacune d'elles n'avait pas eu lieu, comme si ce passé de l'hégélianisme, qu'il nous plaise ou non, n'était qu'une série d'élucubrations plus ou moins pittoresques.

Jacques D'Hondt, dans un article intitulé « L'Inquiète histoire des idées », rappelle que Lachelier, en son temps, eu une attitude similaire à celle que nous critiquons ici.

Dans une lettre à Émile Boutroux, il écrit en effet : « Vous avez dû lire un très curieux article de Marion sur la famille préhistorique. Tout cela, comme je le lui ai dit hier soir, est effrayant ; et, quand cela serait arrivé, il faudrait dire, plus que jamais que cela n'est pas arrivé, que l'histoire est une illusion, et le passé une projection, et qu'il n'y a que l'idéal et l'absolu ; là

12 Bryan Magee, *Histoire illustrée de la philosophie,* Paris, Le pré aux clercs, 2001.

est peut-être la solution de la question du miracle ; c'est la légende qui est vraie et l'histoire qui est fausse. »[13]

Doit-on croire, alors, la légende absurde d'un hégélianisme totalitaire, d'un Hegel « suppôt de l'absolutisme prussien », ou quelques autres inepties du genre, inventées, transmises, perpétuées par ignorance ou par mépris, par méconnaissance ou par volonté de déformer la pensée véritable de Hegel ?

S'il ne faut pas faire comme si ces « légendes » n'existaient pas, il ne faut pas non plus faire comme si l'histoire de l'hégélianisme pouvait se réduire à l'un de ces aspects. Comme Hegel le signale à propos de Romulus, même si les légendes qui le concernent semblent aujourd'hui fabuleuses, elles n'en représentent pas moins l'esprit romain de son temps.

Positivement ou négativement, nous héritons d'une pensée pour laquelle l'auteur n'a rédigé aucun testament. Et, en plus de cette pensée, nous héritons, problématiquement, de la somme des interprétations auxquelles elle a donné lieu.

L'historien de l'hégélianisme doit prendre en considération ces éléments pour tenter de les reconstituer en fonction de la dissémination qu'elles ont subie. L'histoire, en tant que développement temporel, déconstruit le réel et ne nous restitue, finalement, que quelques éléments épars ; c'est à l'historien des idées de reconstruire le passé à partir de ces éléments. Mais bien sûr, tout cela ne va pas sans poser, philosophiquement, de multiples problèmes, en particulier dans ce que l'on pourrait appeler la querelle du subjectivisme et de l'objectivisme historique. Car nous ne pouvons reconstruire le passé qu'à partir du temps qui nous est présent, en vertu et selon les exigences actuelles. Pour autant, nous ne pouvons pas faire comme si tous les auteurs du passé étaient nos contemporains.

Si nous estimons que l'épistémè passée est sans rapport avec la nôtre, nous ne pouvons que nous résoudre à ne plus jamais avoir accès à ce continent lointain. Mais cette vue trouve, finalement, en elle-même sa propre contradiction : elle s'appuie sur une tradition pour s'élaborer ! La coupure épistémologique ne

13 Jules Lachelier, lettre à Émile Boutroux du 21 janvier 1876, cité in J. D'Hondt, « L'Inquiète histoire des idées », dans *Überlieferung und Aufgabe*, W. Braumüler Verlag, Wien, p. 375.

date pas d'hier ! Elle a sa propre histoire, que l'on peut retracer.

Or tout cela n'est évidemment pas sans nous dévoiler un aspect de la réception de Hegel, en France en particulier. Si nous sommes séparés par un abîme sans fond, si le passé humain constitue un océan sans rivage, si d'un rivage imaginaire à l'autre, aucun navire ne peut conduire, alors c'est bien toute la conception hégélienne de l'histoire qui est ici rejetée. C'est le refus d'admettre ce qu'affirme Hegel lorsqu'il prétend que le « propre de l'esprit consiste justement à se manifester à lui-même »[14].

Il ne s'agit pas de prétendre que Hegel refuse toute forme de rupture. Il sait en reconnaître dans le développement historique. Il sait, il en a été témoin en son temps, que des révolutions peuvent survenir, et qu'elles sont capables de bouleverser le monde actuel. Des mutations, des changements interviennent dans le monde. S'il n'est rien de nouveau sous le soleil, ce n'est que sous le soleil de la nature. Sous le soleil de l'esprit, il en va tout autrement.

Hegel avait évoqué, dès la préface à la *Phénoménologie de l'esprit*, cette apparition de la nouveauté dans le monde :

« Il n'est, d'ailleurs, pas difficile de voir que notre temps est un temps de la naissance et du passage à une nouvelle période. L'esprit a rompu avec le monde qui a été jusqu'à maintenant celui de son être-là et de sa représentation, et il est sur le point de les précipiter dans le passé pour les y engloutir, ainsi engagé dans le travail de sa transformation. Cependant de même que, chez l'enfant, après une longue nutrition silencieuse, la première respiration interrompt un tel devenir graduel de la progression de simple accroissement – c'est là un saut qualitatif –, et voici que l'enfant est né, de même l'esprit en train de se former mûrit lentement et silencieusement en allant au-devant de la nouvelle figure, il désintègre fragment après fragment l'édifice de son monde précédent, tandis que le vacillement de celui-ci n'est indiqué que par des symptômes isolés ; l'insouciance tout comme l'ennui qui viennent opérer des fissures dans ce qui subsiste, le pressentiment indéterminé de quelque chose d'in-

14 Hegel, *Philosophie de l'histoire*, trad. Gibelin, p. 161.

connu, sont des signes avant-coureurs de ce que quelque chose d'autre est en préparation. »[15]

Toute philosophie de la réception philosophique doit se souvenir de ce passage célèbre de la *Phénoménologie de l'esprit*. Dans son développement historique et processuel, le passé se désintègre, il ne reste, après que l'esprit a fait son œuvre de renouvellement, que quelques fragments isolés du monde passé, après que le mûrissement lent et silencieux a fini de s'accroître quantitativement, alors il s'opère un changement qualitatif. Mais le monde nouveau qui en résulte n'est pourtant pas un monde, bien qu'en rupture avec le précédent, qui a rompu absolument toutes les amarres. L'embryon, l'enfant, l'adulte ou le vieillard sont toujours un même individu !

C'est donc à l'historien de reconstruire le monde passé à partir des fragments nécessairement parcellaires de ce passé ; c'est à lui de reconnaître dans les symptômes isolés, dans les fissures, dans les débris subsistants, ce qui permet de ressaisir l'unité.

Bien sûr, il ne s'agit pas de prétendre que les études hégéliennes dont nous cherchons à retracer l'histoire ne sont que les débris ou les fragments de la pensée de Hegel lui-même. Elles possèdent en elles-mêmes une unité propre, et c'est cette unité propre des études hégéliennes qu'il convient de restituer.

Ce que Hegel nous enseigne, c'est à observer les ruptures, et à tenter de comprendre, au-delà de ces ruptures, ce qui les a silencieusement provoquées, et à montrer l'unité de leur enchaînement.

Persistance

Ce n'est que lorsque l'on a ressaisi sous la forme de l'esprit l'ensemble des étapes – y compris négatives – par lesquelles il a passé que l'on peut enfin reconnaître en lui un développement objectif. L'histoire des différents moments de la réception de Hegel sont les matériaux qui finissent par se subsumer sous le résultat objectif final et qui se rendent conformes à lui. C'est ainsi qu'il convient d'agir, conformément aux prescriptions de Hegel.

15 Hegel, *Phénoménologie de l'esprit*, trad. B. Bourgeois, p. 64.

Lorsqu'au début de ses *Leçons sur la philosophie de l'histoire*, Hegel décrit les trois formes d'histoire (l'histoire originale, l'histoire réfléchie et l'histoire philosophique), il ne souhaite en voir disparaître aucune. Il ne prétend pas que l'une d'entre elles serait rendue caduque par une autre. Chacune, au contraire, s'enrichit et se nourrit de l'autre, elle peut la mettre sous ses ordres, mais elle continue à profiter de ce qui a été acquis auparavant.

Il y a, selon une notion chère à Hegel, une évolution par degré. Mais cette étude de la réception de Hegel, ou, si l'on ose le dire ainsi, de l'esprit de l'hégélianisme et son destin, pose un grand nombre de problèmes.

En premier lieu, il y a une difficulté insurmontable : faire l'histoire de l'hégélianisme, c'est le placer lui-même d'emblée dans un développement historique. Or Hegel avait prétendu lui-même dominer le cours de l'Histoire : il pensait avoir réussi à en déterminer le cours rationnellement, selon un développement logique. C'est là d'ailleurs l'une des grandes difficultés internes de son propre système : comment passe-t-on de l'esprit historique du monde à l'Esprit Absolu ? Ça ne peut pas être dans l'Histoire elle-même !

Faire, alors, l'histoire de l'hégélianisme, n'est-ce pas d'emblée se situer au cœur même de cette contradiction – si on peut l'appeler ainsi ? N'est-ce pas, alors que nous prétendions aborder de manière hégélienne l'histoire de l'hégélianisme, s'en éloigner ?

Il faudrait conclure, à la manière du premier éditeur de la *Philosophie de l'histoire* de Hegel, Eduard Gans : « Alors, il aura fait philosophiquement son temps, et il appartiendra à l'Histoire » !

3. La dialectique à l'œuvre

Le calque hégélien*

C'est dans les confins poussiéreux de la bibliothèque municipale de Poitiers qu'en 1864 Émile Beaussire découvre de vieux manuscrits du siècle passé signés des initiales D.D. La curiosité du condisciple de Renan et de Caro à l'École Normale en fut piquée. Beaussire, à force d'investigations, finit par attribuer ces initiales au moine bénédictin Léger-Marie Deschamps : D.D. non pas Denis Diderot, mais Dom Deschamps !

Il ne lui a pas fallu beaucoup de temps pour reconnaître dans cette audacieuse philosophie les prémisses d'une forme de panthéisme dialectique qui allait faire, quelque soixante années plus tard, mais loin de Poitiers, la gloire d'un autre philosophe : Hegel ! Du moins est-ce ainsi qu'Émile Beaussire, en son temps, entendait lire à la fois Hegel et Deschamps ; il voyait en eux le danger du panthéisme le plus brutal, panthéisme qui, associé à une dialectique, ne pouvait mener la société qu'à un socialisme des plus radicaux. En 1865, donc, Beaussire publiait un ouvrage curieux intitulé : *Antécédents de l'hégélianisme en France, Dom Deschamps, son système et son école* ! Rien de

* Conférence prononcée dans le cadre de la première journée « Destinée française du marxisme » organisée par Emmanuel Chubilleau à la MSHS de Poitiers. Qu'Emmanuel Chubilleau soit ici remercié de m'avoir permis d'intervenir lors de cette journée, et qu'il voie là aussi un témoignage d'amitié. Son constant soutien dans mes diverses « entreprises », en particulier celle-ci, m'a toujours été précieux.

moins : Deschamps avait fondé un système et avait fait école. Pour Beaussire, aucun doute ne semble possible, on déduit qu'il y a antécédent. Premier constat, l'hégélianisme est suffisamment passé dans les mœurs pour qu'un professeur poitevin, en lisant des manuscrits du XVIIIe siècle, les assimilent à la pensée de Hegel – même si cette assimilation, *a posteriori* nous paraît suspecte et, à bien des égards, nous fait sourire. C'est pourtant un indice évident de la pénétration des idées hégéliennes en France, même si, là encore, ses idées, a posteriori, ne sont pas exactement celles de l'orthodoxie hégélienne actuelle.

Dès le début de son ouvrage, Émile Beaussire donne le ton : les fondements du socialisme ne sont pas hégéliens, mais deschampsiens, l'évidence eut même sauté aux yeux de Karl Grün – c'est dire ! – s'il avait pu connaître notre bénédictin :

« Un écrivain allemand de beaucoup d'esprit, bien qu'hégélien et socialiste, M. Charles Grün, vint en France, il y a une vingtaine d'années, pour voir de près où en étaient parmi nous ces théories de réforme sociale qui commençaient à se produire avec éclat, et qu'une révolution inattendue allait bientôt précipiter dans la période périlleuse de l'action et des expériences pratiques. Il visita nos principaux chefs d'écoles, n'apprit pas grand-chose auprès d'eux, et fit d'assez vains efforts pour leur enseigner à son tour la nouvelle philosophie allemande : il ne trouva que chez M. Proudhon une intelligence ouverte à tous les raffinements de la dialectique hégélienne. Si notre voyageur n'eût pas borné ses recherches à Paris, un manuscrit du XVIIIe siècle, enfoui dans une de nos bibliothèques de province, eût pu lui montrer ce qui manquait, selon lui, aux réformateurs français du XIXe : le socialisme le plus hardi fondé sur des principes métaphysiques, que dis-je ? sur les principes mêmes de Hegel, tels que les entend l'extrême gauche de l'école. Il n'y a pas à s'y tromper, en effet : l'abolition radicale de la propriété et de la famille, voilà pour la pratique ; la suppression d'un Dieu personnel, intelligent et moral, et, à la place, les deux pôles de l'existence, l'être pur, identique au néant, et l'être développé, l'être parfait, l'esprit universel, voilà pour la théorie. Du reste, l'âme personnelle disparaît avec le Dieu personnel. Il n'y a partout, dans l'humanité comme dans la nature, que l'évolution progressive de l'idée, qui est la même chose que l'être, et qui, dans sa marche, à travers ses divers moments, pose et supprime tour à tour toutes les contradictions. Ces belles inventions et bien d'autres qui portent le même caractère, n'ont pas attendu les leçons de Hegel et de M. Charles Grün. Elles appartiennent à notre XVIIIe siècle, et elles n'y ont pas même été un accident obscur et isolé. Elles ont été connues de Voltaire, de Rousseau, de d'Alembert et de Diderot. Elles avaient rallié autour de leur auteur une véritable école, pour laquelle il était le maître, dans le sens antique et presque pythagoricien du mot. Enfin elles avaient trouvé le patron le plus zélé en même temps que le sectateur le plus dévoué dans un des grands seigneurs de ce temps, le marquis de Voyer d'Argenson. »[1]

Notre objectif ne sera pas d'opposer une résistance théorique hégélienne à Beaussire afin de montrer qu'il n'a qu'assez mal saisi le sens profond de l'hégélianisme. Peu importe, au fond, que son hégélianisme soit ou non de pacotille. Ce qui compte, c'est ce qu'il en fait, ce qu'il y voit, ce qu'en son temps on pouvait en saisir. Beaussire produit une vision de Hegel qui sera, bien après lui, encore tout à fait tenace. Les mauvaises interprétations ont souvent la vie dure, et se perpétuent parfois plus volontiers que les autres.

Toujours est-il que Hegel, par le biais des lunettes deschampsiennes que Beaussire allait chausser, devait perdre d'un coup la paternité de sa propre philosophie. Beaussire, écrira Benoît Malon, « prouve irréfutablement que, soixante ans avant Hegel, un obscur bénédictin du Poitou professa, dans ses lignes générales, le système métaphysique appelé depuis hégélien. Cela paraît paradoxal et n'en est pas moins vrai. Nulle négation n'est possible, il faut se rendre et reconnaître l'antériorité de Dom Deschamps : l'écrit est là, comme disent les Normands.[2] »

Quoi que la question mérite d'être posée, nous ne le ferons pas, car là n'est pas le lieu, mais on peut se demander, dans ces conditions, comment il est possible que Dom Deschamps soit

1 Émile Beaussire, *Antécédents de l'hégélianisme en France, Dom Deschamps son système et son école,* Paris, Germer Baillière, 1865, p. V.

2 Benoît Malon, « Un bénédictin du dix-huitième siècle précurseur de l'hégélianisme, du transformisme et du communisme anarchiste », in *Revue socialiste.*

resté aussi longtemps, et pour longtemps encore après Beaussire, l'oublié de la philosophie française ?

Malon ira encore un peu plus loin que Beaussire, ou, plutôt, il saisira et exprimera plus directement ce que Beaussire critique à la fois en Deschamps et en Hegel, à savoir une forme de communisme très primitif qui émane des thèses du bénédictin et dont on nous assure qu'à l'évidence, si Hegel les masque sous une rhétorique toute allemande, il est bien aussi possible de déduire ce communisme de la dialectique hégélienne. Ou plutôt, c'est ce que l'école de l'extrême gauche hégélienne en a déduit, en reversant le système. Malon ne tergiverse pas, de Deschamps à Hegel la conséquence est bonne et de Hegel à Marx, elle s'impose.

« L'étonnante et puissante originalité de Dom Deschamps étant ainsi reconnue, hâtons-nous d'ajouter que, si le bénédictin philosophe s'était borné à être le précurseur de l'auteur de la *Philosophie du Droit*, nous n'aurions pas eu à le présenter au public socialiste.

L'hégélianisme orthodoxe, nous l'avons déjà indiqué, n'est rien moins que socialiste : ce n'est qu'en le bouleversant de fond en comble, en mettant dessus ce qui était dessous, et vice versa, que les jeunes ardents de l'extrême gauche (...) purent trouver dans la philosophie nouvelle les éléments d'une reconstruction sociale. Karl Marx est catégorique là-dessus (...)[3]»

Émile Beaussire, n'aura certes pas les mêmes analyses que Benoît Malon, et à aucun moment de son œuvre il ne fait de référence à Marx ou à un rapprochement possible entre Deschamps et une forme quelconque de marxisme.

Au-delà du mérite de Beaussire d'avoir exhumé ainsi ce curieux bénédictin, il convient toutefois, me semble-t-il, de bien comprendre quels pouvaient être les enjeux de sa publication, en son temps.

Certes, Beaussire est désireux de faire connaître cet auteur méconnu qu'est Deschamps, et cette intention est louable ; mais sa présence recèle une autre intention, plus discrète, mais bien réelle cependant. Il s'agit, par l'entremise de Deschamps, de mettre en garde le public contre Hegel et contre l'hégélia-

3 *Idem.*

nisme. Aussi Beaussire va-t-il utiliser Deschamps. En effet, chez celui-ci, chaque moment de sa philosophie est « poussé » jusqu'à ses conséquences les plus extrêmes. Beaussire par un jeu subtil va donc d'abord établir un rapprochement entre les deux philosophies, puis, des conséquences établies par l'un, il va déduire les conséquences nécessaires du système de l'autre.

La crainte de Beaussire est de voir se développer en France l'hégélianisme. « Tandis qu'il se meurt en Allemagne, dit-il, on pourrait croire qu'il est à la veille de ressusciter parmi nous. Les uns voudraient nous l'infuser dans son ensemble ; d'autres, plus prudents ou plus sceptiques, se contentent d'en exprimer l'esprit et font bon marché de ses formules ; ici on le marie (accouplement monstrueux) avec le condillacisme ; là on cherche à le concilier avec nos habitudes d'observation psychologique ; beaucoup s'en inspirent pour renouveler la critique historique, la controverse théologique ou les théories juridiques ; quelques-uns, enfin, comme faisait M. Proudhon dès 1844, lui demandent des armes pour battre en brèche la société. »[4]

Le danger de l'hégélianisme, selon Beaussire, est donc immense ; il risquerait, s'il se développait encore, de battre en brèche la société elle-même. L'effort de l'auteur va donc devenir en quelque sorte pédagogique ; en effet, utiliser la philosophie de Deschamps va lui permettre de montrer à tous, simplement, avec le vocabulaire français, dégagé des difficultés de la langue allemande, ce qu'il pourrait advenir si l'on poussait jusqu'à leur extrémité les principes de cette dialectique panthéiste, voire matérialiste.

« Au milieu de ces controverses passionnées, une exposition du système de Dom Deschamps n'est peut-être pas sans à propos. Des deux côtés on pourra y puiser des arguments. À ceux qui repoussent l'hégélianisme comme une importation étrangère, antipathique à l'esprit français, nos nouveaux hégéliens peuvent répondre que la France elle-même lui a donné un précurseur. Et ils trouveront mieux encore chez Dom Deschamps que ce mérite de l'antériorité. C'est, au fond, une intelligence peu commune, qui a su devancer la philosophie hégélienne

4 É. Beaussire, *Antécédents de l'hégélianisme en France, op. cit.,* p. VIII.

dans ce qu'elle a de plus profond et de plus solide, aussi bien que dans ses plus graves erreurs. »[5]

Deschamps servira donc, si l'on peut dire, d'exemple pour comprendre ce que sont les erreurs de l'hégélianisme. Embrumées par les « lourdeurs » de la langue allemande, ces idées peuvent passer pour ce qu'elles ne sont pas. Il sera plus aisé d'en déterminer les contours, d'en saisir l'ampleur et d'en comprendre aussi les dangers. Si certains ont parfois tendance à confondre obscurité et profondeur, avec Deschamps, la profondeur s'offre au grand jour. Mais avec cette plus grande clarté d'expression, la critique s'en trouve elle aussi facilitée ; or, c'est là exactement l'intention cachée de Beaussire : montrer les points communs des doctrines deschampsienne et hégélienne pour mieux montrer leur commune irrecevabilité.

Ainsi, leurs théories « ne perdent rien à se montrer revêtues de la netteté française. Mais, d'un autre côté, cette netteté même en met à nu le sophisme et facilite singulièrement la tâche de leurs adversaires. Ici, point de ces équivoques qu'on a si souvent reprochées à Hegel, et dont ses disciples les plus hardis ne sont pas toujours exempts. Notre intrépide logicien a eu le mérite non seulement de deviner l'hégélianisme, mais de le porter du premier coup au point où l'ont poussé peu à peu ses derniers et ses plus extrêmes sectateurs. Et ce n'est pas un mince mérite, en effet, tant pour la force d'esprit que suppose une telle logique, que pour le profit qu'en peut tirer la vérité elle-même. L'erreur n'est réellement dangereuse que lorsqu'elle s'arrête à mi-chemin, lorsqu'elle ne dit pas son dernier mot. Ce n'est jamais, Dieu merci, que le très petit nombre qui laissera d'impitoyables docteurs lui arracher à la fois, sans réticences et sans détours, Dieu, l'âme, la famille. Aussi, la plus sûre manière de réfuter une fausse doctrine, c'est de la presser dans ses dernières conséquences, et d'en faire sortir la négation de quelques-unes de ces vérités qui font la foi du genre humain. »[6]

Deschamps, par avance, va au bout des erreurs de Hegel ! En cela, il est moins dangereux que lui et l'exposition de sa doctrine montrera avec évidence ces erreurs. Et ce que Deschamps, ou plutôt ce que les conséquences du système de Des-

5 *Ibidem.*
6 *Idem.*

champs offrent de dangereux pour la société, selon Beaussire, c'est l'établissement du communisme et du matérialisme. Deschamps a porté d'un coup, après les avoir devinées, les théories de Hegel là où ses disciples les plus extrêmes l'ont mené !

On considère, à juste titre, l'hégélianisme comme une forme d'idéalisme. C'est d'ailleurs, selon Beaussire, cet idéalisme qui a attiré d'abord les Français. Il rappelle à ce propos le mot de Goethe : « Ce qui plaît surtout aux Français, c'est notre idéalisme philosophique ; car tout idéal sert la cause révolutionnaire ». Mais les Français n'ont pas saisi que l'idéalisme hégélien n'était pas incompatible avec le matérialisme ou même avec le communisme. C'est là qu'il faut les prévenir, c'est là que l'exemple de Deschamps devient utile, car avec lui, Beaussire entend bien montrer qu'on « peut professer le culte des faits et le mépris des théories, en se laissant, à son insu, guider par des idées ». Ainsi Deschamps va-t-il servir à mettre en évidence les « abominations révolutionnaires » auxquelles mène immanquablement l'alliance du panthéisme et de la dialectique. « Ce qui importait, c'était donc moins de révéler une influence que de démasquer une complicité, même involontaire. »[7]

Je vous épargnerai un exposé méthodique de la philosophie de Deschamps pour ne m'arrêter que sur l'un des éléments de sa doctrine, un élément qui n'est ni le point central, ni le point culminant, mais qui, certainement, permet un rapprochement avec Hegel plus aisé et surtout qui met en évidence la complicité involontaire que Beaussire reproche à nos deux protagonistes. Il s'agit de la critique de Spinoza.

Hegel l'avait déjà dit, toute philosophie doit passer par Spinoza. Deschamps n'échappera pas à l'étape spinoziste. Mais pour s'en détacher, il rédigea lui-même, à la demande du marquis de Voyer, en 1766, une *Réfutation simple et courte du système de Spinoza*[8]. Deschamps considère cette *Réfutation* comme une sorte d'abrégé de son propre système, cet écrit est

7 J. D'Hondt, *op.cit.*, p. 179.

8 On sait que Deschamps a rédigé quatre versions de ce texte. Seules deux d'entre elles nous sont parvenues. On se reportera pour plus de détails quant à ces quatre textes, à leur rédaction, et à la disparition de deux d'entre eux, à la correspondance de Deschamps.

donc essentiel et permet, à de multiples égards, de mieux comprendre le fonctionnement de cette étrange métaphysique.

Comme Hegel le fera lui aussi, Deschamps prétend avoir réussi à dépasser et avoir réalisé ce que Spinoza n'avait pu réaliser. L'attitude commune à l'égard de Spinoza peut mieux nous aider à saisir ce qui permet d'établir un rapprochement entre ces deux systèmes.

Deschamps part du principe qu'il y a chez Spinoza deux substances ; l'une modifiée, l'autre non-modifiée, « l'une qui est une et l'autre qui est unique »[9]. Ainsi, toujours selon Deschamps, le principe de Spinoza renferme sa négation en lui, « car en n'établissant qu'une substance, il en établit deux, par la façon dont il l'établit ; et ces deux substances sont la substance unique et la substance modifiée ». Par substance modifiée, il faut entendre ce que Deschamps appelle *Le Tout*, et par substance non modifiée, ce qu'il nomme *Tout*. Or, il paraît d'emblée contradictoire à Deschamps que soient confondus *Tout* et *Le Tout*. Dire de la substance qu'elle est infiniment modifiée est précisément ce qui répugne à Deschamps dans la mesure où l'unique est la négation même de toute modification. Ce qui fait, selon lui, l'erreur de Spinoza, c'est la méthode qu'il emploie. Autrement dit, la négation du système de Spinoza est interne au système lui-même. On retrouvera une critique analogue à celle de Deschamps chez Hegel.

Comme le constate Pierre Macherey, Spinoza, « subordonne [en effet] la vérité philosophique à une garantie d'évidence formelle, à une règle extérieure abstraite. Ainsi, bien qu'il se déclare moniste en affirmant l'unicité de la substance, il instaure à nouveau une certaine forme de dualisme, par la séparation qu'il impose dans le savoir entre forme et contenu. »[10]

Hegel lui aussi a saisi qu'aucune critique externe ne pouvait avoir de réelle prise sur la philosophie de Spinoza. Il faut au contraire, selon Hegel, adopter d'abord le spinozisme pour dans un second temps pouvoir s'élever au-dessus. Mais l'étape spinoziste est nécessaire. Deschamps lui-aussi l'avait compris ;

9 Deschamps, « Réfutation simple et courte du système de Spinoza » *in Œuvres*, éd. B. Delhaume, Paris, Vrin, 1993, p. 615.

10 P. Macherey, *Hegel ou Spinoza,* Paris, Maspero, 1979, p. 43.

et c'est pour cette raison que l'abrégé de son système se trouve dévoilé dans une *Réfutation de Spinoza*.

Deschamps, comme après lui Hegel, prétend opérer, dans son propre système, le mouvement de négation interne qu'il accuse Spinoza de n'avoir pas fait. Il y a, au fond, chez Deschamps, et c'est ce qui le rapproche de Hegel, la pensée d'une sorte d'immanence intégrale. C'est cela que Spinoza n'aurait pas su réaliser. Chez Deschamps, ce qui est sujet, ce n'est pas la substance-une, c'est *Tout*, ou, si l'on veut le dire dans le vocabulaire de Hegel, c'est l'Absolu. Tout comme, chez Hegel, « la logique de l'être se substitue à l'ancienne métaphysique qui s'ouvrait sur un monde transcendant »[11], chez Deschamps, le métaphysique, par son développement logico-grammatical, s'ouvre sur l'immanence. Si pour Hegel, comme l'explique Jean Hyppolite dans *Logique et existence*, l'Absolu ne peut être pensé que dans le monde phénoménal, cela signifie que l'être se manifeste dans la pensée elle-même. Deschamps n'affirmera rien d'autre en disant que : « Dire de Dieu qu'il se conçoit parfaitement, c'est dire de lui que nous le concevons parfaitement ; c'est-à-dire que nous sommes ce qu'il est. Le mot concevoir, relativement à Dieu, veut dire être, comme je l'ai dit du mot connaître. Mais, pourra-t-on objecter, nous ne sommes pas ce que nous voyons, pourquoi serions-nous ce que nous concevons ? Pourquoi concevoir et être seraient-ils la même chose ? Je réponds que nous ne voyons un objet physique qu'autant que cet objet nous compose de parties de lui-même ; et conséquemment que voir, c'est être de l'objet vu ce que l'on en voit, c'est être en partie composé de lui. Nous ne sommes pas le soleil, mais nous sommes en partie le peu qui nous paraît de lui. »[12]

Émile Beaussire aura vite fait de rapprocher aussi Deschamps à la fois de Spinoza et de Hegel : « C'est aussi au fond la doctrine de Spinoza, pour qui l'âme n'est que l'idée du corps, et ne s'élève au-dessus des conditions de la vie sensible qu'autant qu'elle est l'idée métaphysique ou mathématique des propriétés communes à tous les corps. Dans Hegel lui-même, il est difficile de trouver place pour un esprit individuel distinct de l'esprit universel et susceptible d'une immortalité propre ; et si,

11 Jean Hyppolite, *Logique et existence,* Paris, P.U.F., 1952, p. 71.
12 Deschamps cité par Beaussire, *op.cit.,* p. 65.

sur ce point, sa pensée s'enveloppe de nuages, les plus conséquents d'entre ses disciples ont pu sans peine en faire sortir le pur matérialisme. »[13]

Voilà donc ce qui inquiète fondamentalement Beaussire, et qui justifie, à ses yeux, le parallèle établi entre Deschamps et Hegel : le matérialisme qui risque d'en découler. « On ne s'étonnera pas, dit-il, de voir l'idéalisme de Dom Deschamps s'accommoder de toutes les propositions du matérialisme contemporain ». Chez Deschamps, en effet, la matière en tant que substance – *Tout* est aussi bien appelé Dieu ou la matière dans la terminologie deschampsienne –, ne peut se manifester que comme idée ; c'est en ce sens que Beaussire considère Deschamps à la fois comme un matérialiste et comme un idéaliste. Il n'en fallait pas moins pour que Deschamps servît d'exemple pour montrer « sur quelle pente glisse l'idéalisme, dès qu'il dédaigne le témoignage de la conscience et la voix sûre de l'expérience intérieure. »[14]

Finalement, ce que Beaussire reproche à Hegel, par l'intermédiaire de Deschamps, ce n'est pas tant son système lui-même que ce qu'on en a fait à sa suite. Tout se passe comme si Beaussire reprochait à Hegel l'hégélianisme ! Hégélianisme dont Deschamps représenterait rétrospectivement, et comme par une mise à l'écart momentanée de la chronologie, le premier, et peut-être son plus digne, représentant.

Et ce qui permet à Beaussire d'établir ces relations étranges, ce n'est pas tant le lien qui peut exister chez Deschamps entre l'idéalisme et le matérialisme, que la manière dialectique – ou pré-dialectique – qu'il a de fonder ses raisonnements.

Et de cette façon, on peut aller jusqu'à considérer que Beaussire ne critique pas tant ni Deschamps, ni Hegel, mais bien plutôt Marx dont, par ailleurs, il ne connaissait pas suffisamment la philosophie pour l'attaquer directement. Toutefois, il ne se voile qu'à peine :

« Quant au communisme, il sera toujours repoussé par notre bon sens et tous nos instincts moraux, et nous ne répugnons pas moins à ce demi communisme qui se cache sous la plupart des théories socialistes. Nous n'en sommes pas moins sur la

13 *Idem*, p. 70.
14 *Idem*, p. 73.

route qui mène droit à ces abîmes, quand nous subordonnons partout l'initiative individuelle à l'impulsion de l'État, quand nous prétendons tout assujettir, dans l'ordre matériel et dans l'ordre moral, à une uniformité que nous prenons faussement pour une vivante harmonie. » Ou bien un peu plus loin : « Et si le communisme sans principes, le communisme qui n'est que le rêve d'une imagination déréglée, ne doit exciter que notre dégoût, il n'en est pas ainsi, tout monstrueux qu'il est en lui-même, du communisme rattaché à des principes philosophiques. Pour ceux dont il révolte le bon sens, et c'est heureusement le plus grand nombre, il éclaire les doctrines qui l'acceptent comme conséquence, il suffit pour en signaler le vice et le péril ; et, s'il peut séduire quelques esprits, il maintient du moins la discussion avec eux sur un terrain spéculatif, qui exclut tout appel aux passions et à la violence. »

L'attaque de Beaussire est claire, il s'en prend a cette partie de l'école hégélienne qui se reconnaît dans le communisme. Sans jamais citer Marx, ni Engels, ni aucun auteur « marxiste » de son temps, c'est pourtant bien à cette philosophie-là qu'il s'agit de s'en prendre, c'est bien à cette doctrine dont il a le dessein de montrer ce qu'elle induit, et d'où elle vient.

Ce qui est paradoxal, mais nous ne ferons ici que le souligner, c'est l'attaque que Beaussire portera en direction de Hegel en particulier, mais à travers lui, à l'Allemagne toute entière, dans un article de la *Revue des Deux Mondes* intitulé « Le Centenaire de Hegel en France ». En effet, Hegel y est décrit comme le « prophète de Bismarck », celui qui traça les plans que l'Allemagne de 1870 réalisera par la guerre. « Depuis longtemps, l'Allemagne a toutes les ambitions ; mais ce n'était guère jusqu'ici que des ambitions idéales, platoniques en quelque sorte. Elle veut aujourd'hui une grandeur solide et matérielle, personnifiée dans un César, appuyée sur d'immenses armées, incarnée non seulement dans l'unité, mais dans l'extension indéfinie de son territoire. Or, le but qu'elle poursuit par la violence, par la conquête n'est que la réalisation d'idées hégéliennes. La philosophie de Hegel se nourrit d'abstraction ; mais elle ne se nourrit pas d'idées pures. Elle aime la force, elle préconise la guerre, elle est pleine d'enthousiasmes pour les conquérants, elle leur confie tous les progrès de l'humanité, et le dernier mot de ces progrès, la dernière œuvre des politiques et des guerriers doit être la fondation d'un grand empire germanique. Voilà les théories dont s'enivrait l'Allemagne il y a quarante ans, lorsque ses guides actuels étaient étudiants en philosophie, et elle attend d'eux aujourd'hui qu'ils les glorifient en les appliquant. »[15]

« Si Hegel avait vécu davantage, il eût vu une dernière initiative germanique réaliser son idéal en Prusse, et en poursuivre la réalisation dans un nouvel empire allemand. Le succès d'une telle entreprise donnerait une conclusion à sa philosophie de l'histoire ; mais, trop prudent au milieu des témérités de sa dialectique pour faire autre chose que la théorie du passé ou du présent, il s'est abstenu d'énoncer cette conclusion ; il a montré la voie à M. de Bismarck, il n'a pas voulu être son prophète »[16].

Avouons qu'il y n'y a rien moins paradoxal que de considérer, en 1865, Hegel comme un dangereux communiste et en 1870 comme le héros de l'impérialisme bismarckien !

Hegel une fois de plus est mis « à toutes les sauces » ! Mais revenons au marxisme et à son impact en France, ou plutôt à l'attente française de Marx.

La philosophie de Marx était « attendue » en France, déjà depuis longtemps, avant même que l'Allemagne ne lui permette de naître et de se développer, la France avait pressenti l'importance de ce qui allait devenir le marxisme, son importance et assurément aussi sa nécessité. Un observateur attentif des relations franco-allemandes, un juriste confirmé, doublé d'un hégélien avait pu pensé qu'à la suite de Hegel, viendrait en Allemagne un philosophe comme Marx.

Eugène Lerminier donnera, en 1832, en plusieurs livraisons de la *Revue des Deux Mondes,* un ouvrage étonnant intitulé *Lettres philosophiques adressées à un Berlinois*. Observateur politique de la France et de l'Allemagne, Lerminier a saisi que cette dernière était sortie de l'ère de la spéculation, et qu'elle devait peut-être mettre son bonnet plus près de sa tête et se mettre à l'action. Si les philosophes, selon Lerminier, n'avaient jusqu'alors fait qu'interpréter le monde, il ne fait à notre auteur aucun doute que c'est en Allemagne qu'ils se mettraient bientôt

15 *Idem*, pp. 145-146.
16 *Idem*, p.153.

à vouloir le modifier. Il ne peut se douter, en 1832, de ce qui adviendra plus tard, mais un passage de ses *Lettres à un Berlinois* nous laisse bien entrevoir qu'un Français attentif ne pouvait que se douter que l'Allemagne allait, à la suite de Hegel, produire une philosophie politique d'une importance capitale.

« Dans ce siècle, l'Allemagne sera donnée en spectacle au monde : déjà on la contemple avidement, comment cette religieuse et méditative Germanie deviendra-t-elle politique et active ? La philosophie s'est accordée un instant avec la religion évangélique pour faire un devoir de l'obéissance absolue aux puissances. Kant réprouve toutes les révolutions[17]. L'énergie de Fichte, de cet élève allemand de Rousseau, a pu soulever la jeunesse des universités contre nos régiments, mais elle n'a pas eu le temps de changer les esprits ; le réalisme de Schelling et de Hegel les a jetés dans l'extase du passé. L'Allemagne commence à sortir de cette longue contemplation : mais où va-t-elle ? Elle est incertaine ; on la dirait effrayée de la carrière nouvelle où elle doit s'engager : rêveuse, elle croise les bras, et réfléchit une dernière fois. Cependant on la blesse dans ses plus intimes affections ; on menace, on suspend, on châtie la liberté de la pensée ; et ce pays, qui fait de la philosophie son orgueil et comme son patrimoine, voit avec une douleur muette un joug uniforme s'appesantir sur les idées, et meurtrir leur indépendance et leur beauté. Cette proscription de la pensée est peu sage et téméraire ; elle suffirait pour donner aux Allemands le goût de la liberté politique, en leur en indiquant la nécessité. Tout se tient dans la nature des choses, tout s'enchaîne, un progrès en provoque un autre. L'enfant auquel on voulait apprendre l'alphabet, et qui s'opiniâtrait à ne pas dire A, de peur d'être obligé de dire B, était un profond logicien. Il semble que les idées s'amènent successivement les unes les autres, en se tenant par la main. On raconte que pour échapper à l'outrage des Musulmans, de jeunes vierges de Chio se réunirent sur le rivage, dans une danse funèbre, où chacune d'elles, à un instant marqué, se laissait tomber dans la mer : et la danse continua se

17 *Metaphysische Anfangsgrunde der Rechtslchre*. - Le même Kant, qui avait condamné à priori toutes les révolutions, suivit la nôtre avec l'intérêt le plus vif et le plus pénétrant : il était assez grand pour profiter des leçons que lui donnait l'histoire du genre humain et de la France.

rétrécissant toujours, jusqu'à la dernière cadence de la dernière des vierges de Chio. Au contraire les idées de l'humanité forment un chœur que la mort ne saurait éclaircir ; à des époques fatales ces vierges divines reçoivent dans leurs rangs des sœurs qui s'entrelacent avec elles ; et la danse continuera, s'agrandissant toujours jusqu'à la venue de la dernière des idées de l'humanité. La philosophie mènera l'Allemagne à la liberté ; à l'âge religieux de la réforme et de Luther a succédé l'âge métaphysique et littéraire de Kant et de Goethe, suivra l'âge politique dont les représentants sont inconnus et à venir ; voilà votre route, voici la nôtre. »

Ainsi la France du dix-neuvième siècle, positivement ou négativement, se présentait-elle déjà à nous comme ce château où les destins de Hegel et de Marx se croiseraient. Le vingtième siècle ne viendra pas contredire ce que le dix-neuvième avait pressenti, c'est-à-dire que de Hegel à Marx, la conséquence est bonne. Si Lerminier n'imaginait pas encore que Marx fut possible, du moins avait-il pressenti qu'une philosophie politique naîtrait en Allemagne après Hegel ; si Beaussire cherche à retrouver aux confins du Poitou un antécédent à l'hégélianisme dont il cherche à montrer des dérives communistes, si ni l'un ni l'autre, en tous les cas, ne mentionne la philosophie de Marx, ni même son nom, on peut toutefois sentir, à notre tour, et rétrospectivement, que la fortune française de l'un allait ouvrir la voie à la critique de l'autre. Le « calque hégélien » devait pouvoir être ainsi « plaqué » presque arbitrairement sur la philosophie de Marx.

Hegel, ou le « prophète de Bismarck »

Radiographie d'une idée reçue

Pour ce que l'on appelle aujourd'hui, non sans un soupçon idéologiquement dosé de démagogie, « l'opinion publique », la guerre franco-allemande de 1870 survient de façon totalement inattendue. Elle est une véritable surprise tant pour les intellectuels que pour les classes bourgeoises ou ouvrières. La France de ces années-là ne s'inquiète pas de l'unification allemande naissante, Sadowa ne menace pas ; la certitude de vivre dans un pays fort, à l'industrie prospère, à la richesse culturelle féconde est tellement ancrée dans les mentalités qu'on ne ressent de réelle crainte belliqueuse d'aucun pays du monde. L'Angleterre, seule puissance susceptible d'égaler la France, est alors une alliée. L'Allemagne ne présente aucune menace effective pour la très grande majorité des Français. Flaubert, dans son *Dictionnaire des idées reçues,* écrit à l'article « Allemands » : « peuple de rêveurs (vieux) » ; il révisera un peu sa définition après la défaite de 1871...

La surprise est donc totale quand en juillet 1870 la guerre éclate entre les deux pays. Napoléon III avait assis son pouvoir sur une politique de non-expansion. Edmond About, dans *La Nouvelle carte de l'Europe,* fait dire au personnage qui campe Napoléon : « Je veux mourir à Sainte-Hélène s'il m'arrive jamais de convoiter une demie-lieue de pays. » La guerre est alors une question politique, un thème de congrès, mais il n'y a aucune inquiétude immédiate. Si la guerre est possible, envisagée, elle ne peut d'abord pas avoir lieu sur le territoire, et encore n'est-elle qu'un moyen de rétablir une paix plus durable qui sans elle eut été impossible. *La guerre, c'est la paix* titre un ouvrage d'Anatole de la Forge en 1859. Il y a un véritable dogme de la toute puissance française, à droite comme à gauche – dans la gauche libérale, républicaine et modérée, en tout cas.

Avant que ne se déclenche, dès les jours qui suivirent la défaite, ce que Claude Digeon appelle la « crise allemande de la pensée française », l'Allemagne se présente aux yeux des Français comme la nation de la musique, de la littérature et de la science, bref, un pays de savants austères et rêveurs.

Aussi se présente-t-il à nos regards rétrospectifs une véritable coupure entre ce que l'Allemagne peut être avant la guerre, dans l'imaginaire social et intellectuel français, et ce qu'elle deviendra après la défaite. Il y a alors deux Allemagne, ou deux figures de l'Allemagne presque radicalement opposées l'une à l'autre. Une Allemagne rêveuse, mais studieuse, et une Allemagne puissante, à la volonté hégémonique, une Allemagne pacifique, théorique, qui débat avec Kant de la paix perpétuelle, et l'Allemagne prussienne et aristocratique de Bismarck emprunte d'hégélianisme, l'Allemagne de Madame de Staël et celle de Heine.

C'est à cette opposition que nous allons tenter de nous consacrer ici. Nous aimerions comprendre ce qui se passe de part et d'autre de cette date charnière, et particulièrement en ce qui concerne l'attitude française envers Hegel et l'hégélianisme. Il s'agit en effet de la période charnière, la période de transition entre la crise allemande de la pensée française et ce que j'appellerais, si vous me permettez ce retournement assez facile, la crise française de la pensée allemande, que l'on peut dire s'étendre de 1848 à 1870.

Entre 1848 et 1870, la France s'intéresse à l'Allemagne, elle accueille volontiers les théories des philosophes allemands, parfois paradoxalement, mais toujours avec un intérêt très vif, et une curiosité attentive. À droite comme à gauche, l'Allemagne est source d'intérêts, intérêts divers et diversement partagés ; elle commence déjà, en France, à prendre deux visages, et chaque partie ne semble pas vouloir regarder la même Allemagne. Toutefois, le mot d'ordre de cette période reste bien presque unanimement : « S'instruire à l'école de l'Allemagne », pour reprendre l'expression d'Eugène Lerminier.

Établissant son empire entre 1830 et 1848, le spiritualisme de Cousin est presque devenu la philosophie d'État, formant la référence morale de la petite et de la moyenne bourgeoisie. Le catholicisme détient le pouvoir universitaire, tandis que de l'autre côté, le groupe des positivistes et des réalistes commence à prendre une ampleur importante. Sous la bannière de Comte, on va bientôt, dans un amalgame assez étrange, rassembler des figures aussi variées que Littré, Taine, About ou Renan. Et les spiritualistes vont non seulement amalgamer sans scrupules tous ces auteurs, mais encore va-t-on lier à cette opposition philosophique et politique tout l'idéalisme allemand. C'est ainsi que fonctionneront Gratry ou Dupanloup, mais aussi Caro, et parfois même Renouvier, bien que le cas de Renouvier soit plus complexe.

Bref, Michelet, Taine, Renan, Blaze de Bury, Littré voient tous dans l'Allemagne scientifique un modèle pour la pensée française, modèle qu'il s'agit d'exposer à la France, de faire connaître et de répandre. Ce sera le but clairement annoncé de la *Revue Germanique* par exemple. À la fondation de ce périodique, la *Revue chrétienne* toutefois reste craintive : « nous voulons espérer, dit de Pressensé, dans le numéro de 1858, qu'ils [Dollfus et Nefftzer] nous feront connaître non seulement l'Allemagne panthéiste, mais aussi l'Allemagne chrétienne ». On commence donc à craindre que le vent d'outre-Rhin ne fasse trop fortement souffler en France le matérialisme, le panthéisme, l'athéisme et, évidemment, le socialisme.

Toutefois, là encore, ce ne sont que des craintes théoriques ; personne ne peut flairer alors de danger immédiat querelleur ou belliciste ni même réellement révolutionnaire – la patrie de la révolution, c'est la France. Seules deux exceptions remarquables doivent pourtant attirer notre attention : Quinet et Prévost-Paradol.

Depuis son exil, Quinet avait senti l'épisode de Sadowa comme une véritable menace ; il craignait que la Prusse ne se substitue à la France, aussi l'exprime-t-il très directement en 1866 : « Le despotisme bonapartiste, jésuitique, frauduleux, menteur par essence, se subordonne au despotisme prussien, hégélien, protestant, ouvert, tous masques bas. » En 1868, Prévost-Paradol lui aussi pressent l'affrontement et surtout, le drame que la France vivra quoi qu'il arrive : « Que l'union de l'Allemagne en un seul État s'achève en face de la France inactive ou malgré la France vaincue, c'est d'une façon ou de l'autre l'irrévocable déchéance de la grandeur française. »[18] Ils n'ont, l'un comme l'autre, qu'été entendus après coup – il n'en pouvait être autrement : la philosophie vient toujours trop tard !

Lorsque la guerre survient, c'est donc, partout ou presque, la stupeur ; et plus stupéfiante encore sera la défaite, car cette France qu'on croyait invincible est vaincue. Et la Commune de Paris viendra encore amplifier le sentiment, pour la bourgeoisie régnante, que le mal était fait profondément. On ne se retournait pas donc seulement contre l'Allemagne guerrière, dominatrice, contre cette Allemagne dont l'industrie était en plein essor, contre cette Allemagne unifiée, mais on s'en prenait aussi, unilatéralement, à tout ce qui était allemand. Et l'on recherchait, bien sûr, les sources de cette domination dans la pensée allemande elle-même. Depuis longtemps déjà on craignait en théorie la philosophie de Hegel et spécialement ses continuations par le côté gauche de son école. De la théorie on passait à la pratique, et l'on cherchait bientôt à se convaincre que le marteau de Thor n'avait pas frappé sans le soutien aiguisé de la faucille hégélienne.

L'association de Hegel et de la guerre sera tenace, en France : Proust, encore, dans *Le temps retrouvé*, y fera une brève mais significative allusion en faisant dire à son personnage : « La guerre n'échappe pas aux lois de notre vieil Hegel, elle est en perpétuel devenir ».

Toutefois, c'est bien avec la défaite de 1870 qu'apparaîtra une idée qui connut par la suite, non pas seulement en France mais aussi outre-Rhin, un véritable succès : la théorie des « deux Allemagne ».

Ce qui se passe autour de 1870 est caractéristique et va installer, en France, un climat politique particulier, dominant peut-être, jusqu'en 1914, et qui est précisément l'atmosphère dans

18 *La France nouvelle*, Paris, Michel Levy, 1868, p. 389.

laquelle Marx et le marxisme se trouveront introduits en France. Ce climat politique, ou plutôt apolitique, et par conséquent conservateur et même réactionnaire, est utile à la compréhension générale de la pénétration, de la non-pénétration, ou de la pénétration paradoxale du marxisme en France.

La littérature de guerre, qui aura un succès alors considérable, vient s'inscrire dans ce contexte particulier. La guerre surprit tout le monde, et la défaite fut rapide et brusque. De plus, il s'agit pour la France et les Français de comprendre cette défaite comme une double défaite, celle d'abord de l'Empire, de juillet à septembre 1870, puis celle de la République, aussi impuissante que l'Empire à mener ses troupes à la victoire. On avait pourtant imaginé, un moment, que l'avènement d'une nouvelle République en France allait effrayer les troupes et les rois, craignant qu'à nouveau un vent révolutionnaire ne souffle sur l'Europe. Il n'en a rien été. Le désarroi est donc total et généralisé des deux côtés de la sphère politique française, chez les conservateurs, nostalgiques par essence et déçus par un Empire impuissant, et chez les Républicains, face à un pays qui se construit politiquement dans la débâcle.

Aussi, toute une littérature de guerre va-t-elle voir le jour, là encore de manière paradoxale, car on ne la voit jamais se faire narratrice des grandes batailles ou des hauts faits d'armes, mais au contraire, elle vantera les mérites individuels, elle raconte des histoires de francs-tireurs, elle dévoile la morale de la IIIe République, elle prépare la jeunesse à la revanche, c'est une littérature patriotique et républicaine, ou le jeune plébéien côtoie l'aristocrate sur les champs de batailles, et où le courage du premier l'emporte sur la lâcheté du second ; et c'est le plébéien qui épouse la belle châtelaine ! Erckmann et Chatrian sont assez caractéristiques de ce roman républicain.

Mais en même temps, cette tendance de la littérature permet de se laisser aller à toutes les caricatures. L'Allemand jusqu'alors rêveur et pacifiste, courant les forêts et les bois, *Le Projet de paix perpétuelle* sous le bras, change brusquement de visage. Il n'est plus solitaire et penseur, il se présente en troupes disciplinées, hargneuses, rustres, il viole les femmes, martyrise les enfants, et abandonne Kant pour s'adonner à Hegel.

Peu à peu, ce sentiment de patriotisme républicain fait naître en chacun le désir de vengeance et en même temps provoque l'unité nationale : de Dunkerque à Tamanrasset, chacun attend l'heure de la revanche en espérant de la morale bourgeoise le salut national. Tous s'activent pour offrir à l'industrie française les moyens de concurrencer le canon Krupp. Mais chacun doit rester à sa place, selon sa classe et sa condition.

Chez les intellectuels, on cherche évidemment à comprendre cet événement brusque et inattendu. On cherche à saisir ce qui, dans l'attitude générale de l'avant 1870, peut expliquer cette invasion. Et c'est évidemment dans l'admiration que l'on a pu éprouver pour l'Allemagne savante que l'on va trouver les premières et les principales raison de l'aveuglement français.

« Les premiers éclaireurs de l'Allemagne en France, affirmera le Révérend Père Caussette, ce ne sont point les uhlans ; ils se nommèrent Cousin, Vacherot, Quinet, Renan, Havet. Ce sont eux qui ont prussifié intellectuellement notre pays avant que Bismarck songeât à le dominer militairement. »[19]

Les spiritualistes et les catholiques en général voient donc la principale cause de la défaite dans la « frivolité » de la France. La débâcle se présente comme la vengeance de Dieu, comme une nouvelle épreuve. C'est donc dans la philosophie de 1848 que l'on va chercher les sources de cette illusion collective à propos de l'Allemagne.

Mais, dans le même temps, on ne peut renoncer à une partie de cette Allemagne, plus sérieuse que la France. Gobineau par exemple opposera la « pureté » allemande à la « décadence » française.

Il y a donc une Allemagne haute, traditionnelle, vieille, et l'autre, celle qui s'est justement appelée la « jeune Allemagne » qui offre le visage de la force et de la volonté hégémonique, mais aussi de la barbarie. Louis Blanc dira alors des Allemands qu'ils sont comme « des Mohicans qui seraient passés par l'École Polytechnique » !

Les Républicains, la gauche modérée n'est pas en reste. Les critiques vont alors déferler, aboutissant aux mêmes conclusions, quoi que pour des raisons différentes. Renouvier, par

19 R.P. Caussette, *Dieu et les malheurs de la France*, Toulouse, 1871, p. 125, cité in Digeon, *op.cit* p.82.

exemple, trouvera dans la défaite un moyen de montrer que ses idées doivent triompher. Si l'Allemagne, selon lui, est guerrière et barbare, c'est qu'elle est réactionnaire et s'appuie sur la philosophie historique du droit : c'est encore Hegel le responsable !

De tous côtés Hegel doit assumer la responsabilité : pour les spiritualistes, il est le père de cette jeune Allemagne panthéiste, révolutionnaire, socialiste ; pour la gauche modérée, il est le philosophe de la Prusse, celui qui vante les mérites de l'État hégémonique et qui en appelle à l'histoire et à la nécessité de son développement pour rendre raison de cette domination germanique.

S'il y a donc, pour certains, deux Allemagne, les deux France, elles, s'unissent devant l'ennemi commun : Hegel !

L'éclectisme n'étant jamais avare de solution de conciliation, Caro, reprenant la rengaine spiritualiste donnera, pendant la guerre, plusieurs articles qu'il regroupera par la suite sous le titre significatif des *Jours d'épreuve*. C'est là que, pour la première fois, cette théorie passe-partout des deux Allemagne se verra directement théorisée – même si les prémices de cette idée sont bien plus anciennes, Caro va, ici, les systématiser, et les porter à son paroxysme.

Comme pour le R.P. Caussette, selon Caro, les causes de la défaite sont avant tout intérieures, et la faute en incombe à la gauche ; la débâcle fut intellectuelle avant d'être militaire. Et la première et la plus grande responsable de cette illusion collective, sans en être la coupable, c'est Madame de Staël.

L'Allemagne de Madame de Staël est, selon Caro, une Allemagne idéale, non pas décrite dans sa réalité, mais rêvée, admirée par nostalgie. C'est, au fond, la France que Madame de Staël dépeint sous les traits de l'Allemagne. Il faut lire ces lignes où Caro nous montre une Germaine de Staël arrivant frémissante en Allemagne, pleine de sa colère contre la France du Consulat, « pour elle, nous dit-il, le peuple français était en train de faire un marché dans le genre de celui de Faust. »[20] Et, dans ce dépit, elle choisit le peuple allemand pour « représenter par contraste toutes les grandeurs morales du spiritualisme, le

20 *Les jours d'épreuve*, p.16.

désintéressement héroïque et simple, le sublime dans la vie publique comme dans la vie privée. » « C'était de l'amour encore pour son pays, ajoute-t-il, mais de l'amour irrité. »

Et la France, ingénue, a cru à cette Allemagne-là. Elle entra dans une large sympathie pour elle, adopta sans réserve les Charlotte, les Dorothée et les Marguerite, aux côté des Elvire et des Virginie. Les savants s'instruisirent à l'école de l'Allemagne, et tous éprouvèrent un engouement absolu pour ce qui venait d'au-delà du Rhin.

C'est là que l'on voit arriver celui qui allait peindre une autre Allemagne, celui que Caro appelle « l'Aristophane hégélien », Henri Heine, « l'impitoyable railleur ». Et le vrai visage de l'Allemagne va apparaître avec lui : « Il nous prouve surabondamment que l'on méconnaît cette forte race, douée d'un grand appétit, de muscles solides et d'une complexion moins éthérée. Sous ses coups, qui tombent drus comme grêles, s'évanouit ce fantôme de l'idéalisme allemand nourri de rosée et de pleurs, suspendu entre ciel et terre, que Mme de Staël crut apercevoir un soir dans le crépuscule sur les bords de la Sprée. »

Si le fantôme de l'idéalisme allemand disparaît avec Heine et Hegel, c'est qu'un autre spectre va venir hanter dès lors l'Europe. Et Caro veut nous en prévenir, si Kant est comparable à Robespierre, si Fichte pour nous rappeler Napoléon, Hegel appliquera tout cet esprit germanique à l'histoire, à la politique et à la religion, et, ajoute Caro, « pour les services qu'il aura rendus, il se fera couronner par l'Allemagne et malheureusement oindre aussi quelque peu à Berlin. Ainsi se termine la révolution philosophique. Hegel a fermé ce grand cercle (...). Il faut que le monde appartienne à l'Allemagne pour que la philosophie de Hegel trouve son couronnement ». Et c'est Heine qui « vient dire tout haut le secret d'un peuple ».

Mais Caro, sous la grossièreté de ses arguments, n'en fait pas moins preuve, parfois, de finesse idéologique. Il rappelle constamment que Heine déteste les teutomanes, qu'il ne supporte pas l'aristocratie allemande, la vieille Allemagne, et qu'aux ordres de la grande idée hégélienne, se lève en Allemagne, contre la France, et aussi contre l'Allemagne, une armée d'étudiants et de philosophes : le « kantiste » (*sic*), d'abord, qui frappe fort, « parce que son cœur n'est ému par aucun respect traditionnel » ; le fichtéen, ensuite, « qui méprise tous les dangers parce qu'ils n'existent point pour lui dans la réalité » ; et enfin, le pire de tous, le philosophe de la nature, le plus effrayant et plus impitoyable, pourvu de la férocité des anciens combattants de la Germanie, conjuguant les vieilles forces cachées de la tradition et le panthéisme moderne : « l'hégélien ! »

Souvenons-nous de l'hégélien de Valérie de Gasparin, le jeune capitaine partant pour faire la révolution, embarquant pour les quatre coins de l'Europe y porter l'air de la révolte, de l'insurrection, de la lutte... Ce capitaine hégélien qui fait frémir le bourgeois de province ! C'est entre 1848 et 1870 que se dessine ce portrait. Et en 1870, il fait presque figure de prophétie.

Les leçons de Hegel ont donc porté leurs fruits outre-Rhin ; et même si, d'après Caro, les universités allemandes enseignent la *Doctrine du droit* de Kant, Bismarck s'est empressé de l'oublier, et « il doit rire à part lui, nous assure Caro, des leçons naïves de son vieux maître ». Car la bonne Allemagne, c'est celle de Kant et de l'idéalisme, la mauvaise celle du matérialisme. « Il y a deux Allemagne, dit-il enfin, l'une idéaliste et rêveuse, l'autre pratique à l'excès sur la scène du monde, utilitaire à outrance, âpre à la curée. » Hegel, Gervinus, Mommsen, Strauss, tous sont embarqués dans le même panier de la convoitise matérialiste, tous sont les mêmes amoureux de Gretchen !

Mais la tactique vise autant à attaquer l'Allemagne sur le front intellectuel qu'à déstabiliser, de l'intérieur, l'audience des forces contestataires. Car Caro rendra Hegel autant responsable de l'invasion bismarckienne que de la Commune de Paris.

Si dans les années qui vont suivre, à l'aube du nouveau siècle, une tentative pour sauver Hegel va voir le jour, elle n'en est pas moins établie sur ces fondements spiritualistes ; Georges Noël, par exemple, qui tentera de redorer, du moins universitairement, le blason hégélien avec son ouvrage sur la *Logique*, le fera en ramenant Hegel du côté de l'idéalisme, et en s'attachant à démarquer cet idéalisme hégélien de toute forme possible de déviation matérialiste. Lénine, qui commente le texte de Noël, ne s'y trompera pas : « Dans ses bavardages, nous dit-il, sur la morale, la liberté etc., Noël, qui banalise Hegel, ne souffle mot de la liberté comme intelligence de la nécessité. » Et il n'est pas non plus étonnant, dans ces conditions, qu'il note en marge quelques titres d'ouvrages de philosophes français sur l'hégélianisme et qu'y figure en tête celui écrit en 1865 par l'auteur même de l'assimilation que nous utilisions comme titre de cette présentation (Hegel, le prophète de Bismarck), c'est-à-dire Émile Beaussire et ses *Antécédents de l'hégélianisme en France, Dom Deschamps, son système et son école*.

Aussi, en ces années là, le lit était-il mal fait pour accueillir les idées de Marx ; et c'est un contexte de retour à un patriotisme chauvin, dc moralisme vantant les vertus bourgeoises, de crainte d'être, à nouveau, victime de l'illusion pacifiste que *l'Internationale* devait se faire. Après que toutes ces générations d'avant 1870 ont rêvé des États-Unis d'Europe, la crainte de voir ressurgir, en même temps que l'esprit révolutionnaire, l'idée d'un internationalisme devait tant effrayer que les intellectuels spiritualistes, entraînés préalablement par la critique de Hegel, préféreront soit ne pas faire de cas du tout de la doctrine de Marx, soit la reléguer à la vieille idée d'utopie.

De là, nous voyons clairement se distinguer les trois grandes catégories du « révisionnisme » hégélien, catégories qui deviendront bientôt celles de l'héritage renié par Lénine : l'apôtre des Lumières, le populiste et le disciple. « L'apôtre des Lumières, dit Lénine, a foi dans l'évolution actuelle de la société, car il ne remarque pas les contradictions qui lui sont inhérentes. Le populiste – Caro eut été volontiers l'intellectuel de tous les populismes – redoute cette évolution, car il en a déjà constaté les contradictions. Le disciple a foi dans cette évolution, car c'est uniquement dans le développement complet de ces contradictions qu'il voit le gage d'un avenir meilleur ». Optimisme et pessimisme historique, ces deux versants que l'on retrouve encore dans cette idée des « deux Allemagne », que l'on retrouve dans les critiques de Hegel, de droite et de gauche, spiritualistes et républicains, deux versants d'un même mouvement qui, par des moyens variés, atteignent en définitive le même objectif, le maintien et la conservation de la société de classe, le pacifisme modéré qui craint la guerre, parce qu'elle est ce que Hegel en avait vu, c'est-à-dire le moyen de sortir les peuples de leur inertie politique, qui met fin à l'inaction, qui inaugure le changement révolutionnaire. L'esprit de revanche, la guerre de conquête est absente de l'apologie hégélienne ; et c'est pourtant cet esprit qui allait animer la France de l'après 1870, cette France qui voit apparaître le populisme de Boulanger, qui se replie dans ses provinces, vante les mérites bourgeois de la vie campagnarde, *Bouvard et Pécuchet*, en apôtre des lumières, et la démocratie représentative, en disciple fidèle, gardien attentif d'un héritage idéologiquement construit.

Si, quand on étudie une période, on a toujours le sentiment rétrospectif d'y voir des liens avec notre actualité, il faut ici du moins reconnaître que la pensée du capitalisme et de la bourgeoisie victorieuse scellait, ces années-là, ces arguments ratiocinés qui ont encore aujourd'hui une malheureuse vivacité.

4. Histoires d'hégéliens

Flaubert hégélien ? *

L'enseignement de la philosophie fait boire à la jeunesse du fiel de dragon dans le calice de Babylone.
Pie IX, extrait du *Sottisier* de Flaubert

« Savez-vous à combien se montent les volumes qu'il m'a fallu absorber pour mes deux bonshommes ? à plus de 1500 ! Mon dossier de notes a huit pouces de hauteur, et tout cela ou rien c'est la même chose. Mais cette surabondance de documents m'a permis de n'être pas pédant ; de cela, j'en suis sûr. .»[1]

À nous, alors, de ne pas surenchérir, nous à qui manquent ces 1500 volumes !

Les plus importants et volumineux problèmes, avec les idées reçues, c'est que, de façon générale, on ne sait pas d'où on les tient... On les a reçues, mais de qui ? Descartes avait bien pensé que ses maîtres et ses nourrices s'étaient évertués à mettre en sa créance quelques imbécillités dont il lui a fallu douter ; mais tel n'est pas, assurément, l'objet de Gustave Flaubert. Ce qu'il y a de beau, dans l'imbécillité, c'est qu'elle n'occasionne jamais aucun doute ! Aussi a-t-on reçu une idée sans jamais s'interroger sur sa validité, pas plus, d'ailleurs, que sur sa provenance.

Flaubert, lui, cataloguant les idées reçues, ne se pose pas seulement comme impératif de classer, alphabétiquement, tout

* Article paru dans la *Revue Flaubert*, Université de Rouen, n°7, 2007.

1 G. Flaubert, Lettre à Mme Roger des Genettes, *Correspondance*, IV, p. 410.

ce qu'il faut dire en société pour être un homme convenable et aimable – 1500 volumes lui eurent alors été moins utiles que quelques repas en bourgeoise compagnie –, mais il remonte, si l'on peut dire, à la source. Il ne se contente pas de mettre Bouvard et Pécuchet à la rude épreuve d'eux-mêmes, il leur fait dire ce qui doit être dit. Pas de hasard dans le choix des ouvrages qu'ils consultent, Flaubert les a minutieusement sélectionnés. Chaque activité, chaque ouvrage, chaque mot, chaque phrase correspond à un choix rigoureux de l'auteur. Les années qui s'écoulent au labeur, infatigable documentation sélectionnée avec intelligence, volume insensé des lectures accumulées, des notes entassées, des voyages d'observation, rien, dans ce roman, n'est laissé à l'improvisation, rien n'est couché sur le papier qui n'eut pu être entendu, lu, vu.

Depuis Jauss et les maîtres de l'École de Constance, on a pris l'habitude de procéder à des études esthétiques de la réception. On cherche à comprendre ce qui se passe, ce qui passe lorsqu'un texte, un auteur, une œuvre, une idée, une pensée, un dogme est « reçu ». Pour autant qu'on y prête attention, et contre tout(e) (horizon d') attente, c'est à Flaubert que l'on doit la première véritable étude d'une « réception » !

Mais Flaubert ne s'est pas attaché à la réception d'une pensée, d'un auteur, d'un texte, mais de ce que reçoit tout un milieu pour être lui-même, ce qui le constitue comme tel, ce qui fait de ce milieu (ou de cette classe[2]) non pas un réceptacle, mais un récipient ; tout ce qui s'y déverse, impensé. Bouvard et Pécuchet excellent en ce domaine. Ils absorbent – à la manière d'éponges – en peu de temps, avec l'intelligence de leur bêtise, tout ce qu'une éducation « bourgeoise » met de talent à construire des « petits » bourgeois. Ils courent à ce qui les fera reconnaître pour tels. Ils s'animent, s'empressent, s'emballent, s'enchantent, déchantent, désespèrent, démissionnent. Ils sont en résumé ce qu'est leur siècle. Ils craignent la monarchie, prennent peur à l'idée de la Commune, rejette le bonapartisme après l'avoir tant aimé, aimeraient 89 s'il n'y avait eu 93 ! Ils peuvent même devenir candidats. À l'image de ces flopées de

2 Par « bourgeoisie » Flaubert n'entendait pas nécessairement la « classe » bourgeoise au sens strict ; au-delà de cette « catégorie » il évoquait par là tout ce qui pouvait relever de la « bêtise ».

conseillers généraux qui animaient de leurs certitudes les bancs des sociétés locales d'Agriculture, Beaux-Arts, Antiquités et Littérature (il n'était pas rare de voir tout cela réuni en un unique fatras) qui de toute part jaillissaient ; Bouvard et Pécuchet, à Chavignolles, donnent à l'esprit du siècle sa dernière lettre.

Cette « revue en charge de la sottise française contemporaine », comme disait Verlaine, nous laisserait donc facilement à croire que ce qui s'y trouve se trouvait aussi dans tous les salons de la bourgeoisie de province, le reflet méticuleux de tout ce qui laissait tomber en pâmoison cette société qu'on dit « bonne » et que la table lapidaire n'avaient pas dégrossie.

L'entrée en scène d'une nouvelle passion correspond à une tendance de l'époque : on se passionnait d'agronomie, on aimait la politique (c'est une passion française – voilà bien une idée qui pour être reçue ne s'est pas moins maintenue), on se gargarisait de métaphysique, on parlait de littérature, on se questionnait sur la maladie mentale prenant tantôt parti pour la phrénologie, tantôt pour l'hygiénisme. On s'exaltait de tout, pratiquant la gymnastique, buvant des bouillons d'orties et songeant, rêveurs, au Grand Lama du Tibet !

Il faut faire « comme tout le monde », et si le monde, ici et là, dans toute l'Europe, en Amérique, aux Indes et jusqu'en Australie, faisait tourner les tables, on en ferait aussi tourner à Chavignolles !

On recevait, ici, toutes les idées, pourvu qu'elles fussent d'abord également reçues ailleurs…

Mais on y mettait, là, une application toute particulière.

Bouvard et Pécuchet concentrent en eux tout ce qui peut être dit, fait, pratiqué, lu dans la société bourgeoise française de l'époque. On retrouve donc, comme en résumé, tout ce que l'on peut chercher longuement ailleurs. Flaubert a fait, en quelque sorte, le travail à notre place ; il s'est documenté, il a lu, parcouru, résumé dans chaque secteur d'activité ou de pensée l'ensemble des livres qui, en son temps, étaient lus.

C'est pourquoi nous pouvons, dans une certaine mesure, considérer son roman comme une étude de « réception ». Veut-on savoir ce que l'on disait de la métaphysique vers 1875 ? Bouvard et Pécuchet nous renseignent.

Bien entendu, il ne s'agit pas d'une étude universitaire. Bien sûr, Flaubert ne fait pas une thèse, il ne rédige pas un mémoire, il ne s'applique pas à décrire théoriquement, ou même sociologiquement, une attitude, mais il est certainement mieux renseigné que quiconque à son époque des habitudes « intellectuelles » de la « bourgeoisie imbécile ».

Aussi peut-on considérer qu'il ne choisit jamais innocemment d'évoquer tel ou tel auteur, de faire lire à ses « deux bonshommes » tel ou tel livre, de leur faire avoir telle ou telle conversation. L'évocation d'un auteur prend un sens particulier : elle est « attendue », elle correspond à ce qui est communément reçu, à ce que les salons de la bourgeoisie lisent et discutent : l'horizon d'attente de la bêtise.

La passion que les deux compères nouent pour la philosophie intervient donc presque « naturellement » dans le cours de leurs élucubrations intellectuelles. Affairés, pour un temps, à des questions de mysticisme, d'art divinatoire et de toutes sortes de procédés plus ou moins alchimiques, nos deux bedolles en viennent immanquablement à s'interroger :
« Qu'est donc la matière ? Qu'est-ce que l'esprit ? »

Rien de mieux pour tenter de savoir ce qu'est l'esprit que d'aller chercher chez les auteurs qui en ont. Voltaire, Buffon, Fenelon sont ainsi convoqués.

On retrouve un aperçu général de l'histoire de la philosophie, surtout de la philosophie moderne, qui correspond assez bien à ce que Flaubert a pu trouver, alors, dans les divers manuels qu'il a consultés ou dans les histoires de la philosophie à l'usage des classes. Bien sûr, cette période est encore très fortement emprunte d'éclectisme et l'influence de Victor Cousin est restée très forte. On doit y ajouter également le courant positiviste représenté alors par Littré – assimilé dans le *Dictionnaire des idées reçues* à un continuateur du darwinisme : « Ce Monsieur qui dit que nous descendons des singes » (cette même phrase se trouve à l'article « Darwin »).

Il y a, en ce domaine, comme parmi les autres aventures intellectuelles auxquelles Flaubert livre ces deux personnages, des attendus – un peu comme ceux d'un procès. Mais il y a aussi des sujets d'étonnement pour le lecteur. On ne s'attendait pas, par exemple, à voir ces deux naïfs ignorants tenter de comprendre l'idéalisme allemand – le spiritualisme français leur suffisait bien !

Leur lassitude les conduit à la philosophie ; ils s'y livrent par une désaffection affectée des « choses de la vie » ; mais si l'on peut les imaginer aisément tenter de trouver une consolation dans le spiritualisme – attitude bien française à l'époque – l'idéalisme allemand, lui, n'était pas particulièrement « à la mode », en France, après la guerre de 1870 ! La Troisième République a certes été kantienne, mais on assiste, après la défaite, à une sorte de « crise allemande de la pensée française », comme le dit Claude Digeon. À cette époque, du moins, Hegel ne peut pas être envisagé comme « l'une des pensées dominantes de son époque »[3], et la présence de Hegel dans l'œuvre de Flaubert en est d'autant plus étonnante.

On sait que Flaubert a lu l'*Esthétique* de Hegel, dans la traduction française – une des rares œuvres de Hegel réellement disponibles en langue française à cette époque – de Charles Bénard[4]. La première lecture de Hegel date, vraisemblablement, selon Gisèle Séginger, de 1844 ; mais Flaubert l'a repris plus tard, pour le travail préparatoire de *Bouvard et Pécuchet*. Cette œuvre a beaucoup marqué Flaubert, même s'il n'éprouve pas, à sa lecture, l'enthousiasme que lui a procuré Spinoza. Toutefois il trouvera, chez Hegel, des objets de réflexion et, parfois aussi, des points de convergence. Est-ce pour cette raison que Flaubert ne mentionne pas Hegel dans son *Sottisier* ? Il a pourtant remarqué, ses notes de lecture le prouvent, un certain nombre

3 G. Séginger, « Notes de Flaubert sur l'*Esthétique* de Hegel », dans *La Revue des lettres modernes, Gustave Flaubert 5, dix ans de critique*, Paris-Caen, Minard, 2005, p. 249. Hegel, à cette période avait au contraire été plutôt délaissé par la philosophie « officielle ». De plus, on ne trouvait, en France, que peu de ses œuvres traduites. En revanche, il semble que Flaubert ait pris connaissance de celle-ci, non seulement l'*Esthétique*, mais l'*Encyclopédie* dont Vera avait donné une traduction. Par ailleurs, Flaubert connaissait, de toute évidence, les commentateurs « majeurs » de l'hégélianisme en France : Bénard, Schérer et Vera. N'oublions pas non plus que *La Revue des deux mondes* avait donné de nombreux articles sur la pensée de Hegel, parmi lesquels on notera la signature de Saint-René Taillandier, dont on connaît également la critique qu'il fit de Flaubert. Voir, à propos de la réception de Hegel en France, Éric Puisais, *La Naissance de l'hégélianisme français*, Paris, L'Harmattan, 2005.

4 1re éd. 1840, puis 1843, à Paris chez Joubert.

de « bêtises » dans l'*Esthétique*. Il s'est, par exemple, irrité de la manière dont Hegel parle du *Phèdre* de Racine : « C'est trop de bouffonnerie pour un livre sérieux ! ». Peut-être cette absence s'explique-t-elle aussi, en partie, par la difficulté de compréhension que la langue obscure de l'hégélianisme provoquait. C'est une « sottise » qui nécessite beaucoup d'intelligence !

Toutefois, il faut remarquer, avec Gisèle Séginger, un fait rare et même exceptionnel chez Flaubert : il intervient à la première personne lorsqu'il prend ses notes de lecture de Hegel. L'irruption inattendue du « Je » dans le « commentaire » de Flaubert peut nous indiquer une certaine proximité de pensée avec Hegel[5]. En effet, on peut retrouver l'influence hégélienne dans plusieurs des ouvrages majeurs de Flaubert, de *L'Éducation sentimentale* à *Madame Bovary*, mais surtout dans *La Tentation de Saint-Antoine* et dans *Bouvard et Pécuchet*. Et, pour ce dernier livre, il est d'ailleurs tout à fait étrange de ne voir Hegel mentionné qu'une seule fois. Certes on retrouve à plusieurs reprises des « touches » hégéliennes dans l'œuvre : l'art du jardin de l'*Esthétique* n'est pas sans rappeler l'épisode où les deux compères s'adonnent à cette activité ; de même, l'éducation de Victor et Victorine est emprunte des thématiques hégéliennes. Mais le nom de Hegel et l'exposé de sa philosophie n'apparaîtront qu'à la fin, presque en dernière instance – au chapitre VIII – à la « fin de l'histoire », si l'on ose dire…

C'est précisément sur ce moment que nous nous proposons de nous arrêter ; il est en lui-même particulièrement remarquable[6].

5 À ce sujet on peut lire J. Rancière, *La Parole muette, essai sur les contradictions de la littérature*, en particulier pp. 104 à 106. Rancière met en évidence des rapprochements possibles entre Flaubert et Hegel du point de vue esthétique. Flaubert répondant, à sa manière, par son *style*, par l'effacement du « moi », du « je » au dilemme de la poétique hégélienne.

6 Une réelle analyse complète de l'influence de la pensée hégélienne sur Flaubert est encore à faire. Ce serait spécialement sur l'utilisation de l'*Esthétique* qu'il s'agirait de l'orienter ; toutefois Flaubert semble avoir retenu beaucoup plus de Hegel que la seule conception esthétique, du moins semble-t-il y avoir puisé des éléments qui servent sa propre pensée au-delà de la seule pensée de l'art.

Le moment « hégélien » de Bouvard et Pécuchet

Pécuchet se procure, afin de l'expliquer à Bouvard, une *Introduction à la philosophie hégélienne*. La mention de ce titre – car c'en est un, même s'il n'est pas explicitement mentionné comme tel – peut-elle laisser le moindre doute quant à la documentation de Flaubert à ce sujet ? Il s'agit en effet de l'*Introduction à la philosophie de Hegel* d'Augusto Vera[7].

« - " Tout ce qui rationnel est réel. Il n'y a même de réel que l'idée. Les lois de l'Esprit sont les lois de l'univers ; la raison de l'homme est identique à celle de Dieu ".

Bouvard feignait de comprendre.

- " Donc l'Absolu c'est à la fois le sujet et l'objet, l'unité où viennent se rejoindre toutes les différences. Ainsi les contradic-

7 Il est vraisemblable que Flaubert n'ait pas lu uniquement ce texte, toutefois, selon nous, Pierre Macherey se trompe lorsqu'il évoque, dans *À quoi pense la littérature ?* la référence à Edmond Schérer : « (...) Schérer a eu bien d'autres lecteurs, et en particulier Bouvard et Pécuchet, qui s'inspirent *sans doute* de lui lorsqu'ils exposent, au grand scandale du curé de Chavignolles, les principes fondamentaux de la philosophie hégélienne » (P. Macherey, *À quoi pense la littérature ?*, Paris, P.U.F., p. 244 ; c'est nous qui soulignons). Il est certain que Flaubert a eu connaissance de l'article de Schérer (*Hegel et l'hégélianisme*) paru d'abord dans la *Revue des deux mondes* (1861, janv-févr., 2[e]période, t. 31, pp. 812-856) puis repris dans ses *Mélanges d'histoire religieuse* (Paris, Michel Lévy, 1864) ; on sait que Flaubert l'a lu et annoté, précisément, au chapitre reprenant *Hegel et l'hégélianisme*. Mais Schérer est également l'auteur de critiques peu élogieuses de *L'Éducation sentimentale* et de *Salammbô*, dans *Le Temps* (16 décembre 1862 et 7 décembre 1869). Par ailleurs, dans la *Correspondance*, Flaubert écrit à propos de Schérer qui dirige *Le Temps*, « (...) ce monsieur m'est désagréable ». Il semble donc que Flaubert ait utilisé plus volontiers Augusto Vera dont les deux ouvrages (et, en particulier l'*Introduction...*) figurent dans le dossier « philosophie » (Mss g 226 (6), F° 35 (A. Vera, *L'Hégélianisme et la philosophie*) et 36-36v° (*Introduction à la philosophie de Hegel*).
Cependant, il n'est pas impossible que ce soit la lecture de l'article de Schérer qui ait fait connaître Vera à Flaubert. En effet, Schérer débute son article par un exposé de l'hégélianisme de Vera, allant même jusqu'à faire de son *Introduction*, « la partie la plus intéressante des travaux de M. Vera ». Ce qui, dans le projet flaubertien, pouvait attirer chez Vera, c'est ce que dit Schérer lorsqu'il prétend : « Ajoutons que l'exposition de M. Vera est prolixe, que le fil en est rompu par une polémique perpétuelle, enfin qu'on y sent trop l'enthousiasme du disciple et trop peu la fermeté du critique » (p. 813)... Rien ne saurait mieux correspondre à ce que Flaubert pouvait vouloir « mettre dans la bouche » de Pécuchet !

toires sont résolus. L'ombre permet la lumière, le froid mêlé au chaud produit la température, l'organisme ne se maintient que par la destruction de l'organisme ; partout un principe qui divise, un principe qui enchaîne " .

Ils étaient sur le vigneau ; et le curé passa le long de la claire-voie, son bréviaire à la main.

Pécuchet le pria d'entrer, pour finir devant lui l'exposition d'Hegel et voir un peu ce qu'il en dirait.

L'homme à la soutane s'assit près d'eux, – et Pécuchet aborda le christianisme.

" Aucune religion n'a établi aussi bien cette vérité : " La Nature n'est qu'un moment de l'idée " !

- " Un moment de l'idée ? " murmura le prêtre, stupéfait.

- " Mais oui ! Dieu, en prenant une enveloppe visible, a montré son union consubstantielle avec elle ".

- " Avec la Nature ? Oh ! oh ! "

- " Par son décès, il a rendu témoignage à l'essence de la mort ; donc, la mort était en lui, faisait, fait partie de Dieu ".

L'ecclésiaste se renfrogna. " Pas de blasphème ! c'était pour le salut du genre humain qu'il a enduré les souffrances… "

- " Erreur ! On considère la mort dans l'individu, où elle est un mal sans doute, mais relativement aux choses, c'est différent. Ne séparez pas l'esprit de la matière ! "

- " Cependant, Monsieur, avant la création… "

- " Il n'y a pas eu de création. Elle a toujours existé. Autrement ce serait un être nouveau s'ajoutant à la pensée divine, ce qui est absurde ".

Le prêtre se leva ; des affaires l'appelaient ailleurs.

" Je me flatte de l'avoir crossé ! " dit Pécuchet. " Encore un mot ! Puisque l'existence du monde n'est qu'un passage continuel de la vie à la mort, et de la mort à la vie, loin que tout soit, rien n'est. Mais tout devient ; comprends-tu ? "

" Oui ! je comprends, ou plutôt non !" L'idéalisme à la fin exaspérait Bouvard. »

Si l'on reprend le texte d'Augusto Vera, on constate des similitudes, et parfois des reprises de certaines phrases intégrales. Nous n'en prendrons que deux exemples significatifs :

« L'ombre trouble et limite la lumière pure, et le froid la chaleur. Mais l'ombre prépare et rend possibles la couleur et l'acte de la vision, et ce n'est que le froid, mêlé à la chaleur qui produit la température et qui peut être l'objet de la sensation. Le mouvement circulaire est l'unité de deux forces opposées, et la mort et la destruction sont la condition de la perpétuité de la vie. »[8]

« Telle est la pensée qui est au fond du christianisme et qui fait sa puissance et sa vérité (...). Et, en effet, si l'on examine attentivement la pensée et le sens interne du christianisme, on verra que, loin d'avoir condamné la Nature, il l'a réhabilitée (...). Car, en descendant dans la Nature, et en revêtant une enveloppe visible et matérielle, Dieu n'a pas seulement élevé la Nature jusqu'à l'invisible et l'absolu, mais il a montré son union consubstantielle avec elle (...). Et, en s'unissant à la Nature, il s'est soumis à toutes les conditions qui sont inhérentes à son essence et à son idée éternelle, et il n'y a pas choisi ce qui est considéré comme une perfection, la jouissance et la vie, mais il a subi la souffrance et la mort, et il a par là sanctifié la mort elle-même, en rendant témoignage de sa divine origine (...). {la difficulté} vient ensuite de ce qu'au lieu de considérer la mort en elle-même, dans son idée et dans ses rapports avec les choses, on la considère dans l'individu et dans le cercle de son existence ; ce qui conduit à penser que la mort est un mal (...) »[9].

« L'organisme ne se maintient et ne se développe que par la destruction de l'organisme, et l'être vivant ne saurait donner la vie qu'en se dégradant et en se détruisant lui-même. »[10]

Ces quelques exemples sont assez significatifs pour affirmer que c'est bien l'*Introduction* de Vera que Flaubert a utilisée dans *Bouvard et Pécuchet*. Il reste que Flaubert a su, intelligemment, recueillir dans l'ouvrage les propos ou, si l'on veut, les clichés, les plus souvent reproduits de Hegel. Il en tire ce que l'on peut considérer comme les « idées reçues », en son temps, sur l'hégélianisme. Et, même en mettant en cela en scène la bêtise de Pécuchet, incapable de saisir l'essence profonde d'un

8 A. Vera, *Introduction à la philosophie de Hegel*, Paris, A. Franck éd. et Londres, Jeffs Foreign bookseller, 1855, p. 222.

9 *Ibid.*, pp. 255-256. Évidemment, la « question du suicide », qu'ils examinent plus tard, n'est pas sans faire un écho profond à ces passages.

10 *Ibidi.*, p. 259.

discours philosophique, même s'il répète presque à la lettre le livre qu'il vient de lire, il réussit toutefois à retraduire avec consistance ce qui est, pour l'époque et pour la bonne société, l'élément le plus « effrayant » de l'hégélianisme.

Vera, en cela, l'a certainement aidé ! En effet, dans l'avant-propos de son livre, il met l'accent sur une façon récente de présenter Hegel « comme un monstre (...) destiné à dévorer toutes les vérités dont le monde est en possession »[11]. Vera, quant à lui, s'emploie plutôt à tenter de redonner une image plus fidèle (à son sens) de l'hégélianisme, mais cette « monstruosité » devait au contraire attirer Flaubert, et elle conférait, par la manière dont elle se formait, à l'hégélianisme une place dans cette « encyclopédie » des idées reçues.

« La doctrine d'Hegel, dit-on, si on la considère dans sa méthode, c'est le renouvellement de la scolastique, c'est un amas de subtilités, de divisions, de déductions artificielles et purement verbales ». Rien ne saurait, alors, mieux convenir à Bouvard et Pécuchet ! « Si on la considère dans ses résultats, ajoute Vera, en théodicée, c'est la philosophie du dix-huitième siècle, la philosophie de Diderot et des Encyclopédistes, c'est-à-dire l'athéisme ou le panthéisme, ce qui est la même chose ; seulement ici cette doctrine se déguise sous le nom de culte de l'humanité ; en politique, c'est la démagogie, et on va jusqu'à mettre sur son compte le communisme. »[12]

On peut voir dans cette utilisation de l'explication de Hegel par Vera – qui, à sa manière dénonce lui aussi des idées reçues –, non seulement l'exposé de l'inconsistance philosophique de Pécuchet, mais, au-delà, le souhait, chez Flaubert, de se moquer de ces idées reçues sur l'hégélianisme. Lorsque, quelques temps plus tard, l'occasion d'exposer leur « morale » publiquement leur fut offerte, c'est bien dans des termes proches de ceux que Vera rapporte en les réprouvant qu'on leur répond : « Je trouve votre système d'une immoralité complète » et plus loin : « Ne défendez pas les monstres ! »

Aussi l'occasion hégélienne était-elle, pour Flaubert, une manière de chasser plusieurs lièvres à la fois. Pécuchet trouve dans les accusations d'athéisme et de panthéisme portées à l'en-

11 *Ibid.*, p. 4.
12 *Ibid.*

contre de Hegel une occasion exceptionnelle et unique de « crosser » le prêtre – et les deux idiots devinrent tous deux panthéistes ! Devant les arguments hégéliens, même si leur énoncé relève du psittacisme, le curé reste sans voix... L'immoralité de la doctrine est évidente aux yeux de l'épicier, quant à la question politique – si tant est qu'ils en aient réellement –, elle peut aussi se comprendre de façon « hégélienne »... Le brouillon du deuxième volume nous y aide : « Pécuchet voit l'avenir de l'Humanité en noir : L'homme moderne est amoindri et devenu une machine. Anarchie finale du genre humain. Impossibilité de la Paix. Barbarie par excès de l'individualisme, et le délire de la science. Trois hypothèses. Le radicalisme panthéiste rompra tout lien avec le passé, et un despotisme inhumain s'en suivra ; 2. si l'absolutisme théiste triomphe, le libéralisme, dont l'humanité s'est pénétrée depuis la Réforme, succombe, tout est renversé ; 3. si les convulsions qui existent depuis 89 continuent – sans fin entre deux issues, ces oscillations nous emporteront par leurs propres forces. Il n'y aura plus d'idéal, de religion, de moralité. L'Amérique aura conquis la terre ».

Les gendarmes, enfin, arrivent ! « On les accuse d'avoir attenté à la Religion, à l'ordre, excité à la Révolte, etc. ». La lettre de dénonciation au sous-préfet vient clore l'épisode.

Un cercle de cercles

Bouvard et Pécuchet puisent leurs arguments dans les livres ou les manuels qu'ils lisent, répètent sans trop comprendre des suites d'argumentations, bataillent l'un l'autre, controversent, se contredisent. Le livre joue de ces contradictions internes. Il s'organise comme un système de contradictions.

Inutile de retracer avec précision l'objet de ces controverses interminables, inutile également de résumer le contenu de leur « apprentissage » philosophique ; ce qui peut être retenu, c'est que cet épisode « hégélien » peut, en tant que moment du roman, être la synthèse du roman tout entier. C'est là un élément assez marquant de l'écriture de Flaubert : chaque moment peut en lui-même représenter le Tout. Chaque moment fonctionne comme une variation du Tout, un itinéraire, un cheminement circulaire. La fin de *Bouvard et Pécuchet* indique cette circularité : les deux anciens copistes retournent à leurs copies, avec démesure cette fois, ils copient tout, n'importe quoi, du papier acheté au kilogramme. Ils retrouvent, en quelque sorte, au moment de l'aria finale, l'aria du début : l'ensemble du roman, des variations sur le thème, n'aura été que le cheminement qui leur permet de retrouver, avec la conscience d'elle-même, leur place.

Il y a un itinéraire phénoménologique de Bouvard et Pécuchet.

Mais il s'agit d'une phénoménologie particulière ; Flaubert n'y reprend ni n'y concurrence le projet hégélien, mais il l'explore dans une direction inattendue. Il en explore, en quelque sorte, les ratés. Que se passe-t-il si, de ce parcours de l'Idée se développant, un rouage cesse de fonctionner, si quelque chose du cercle vient à se briser, si un défaut de méthode vient rompre avec la marche dynamique et consciente de l'Idée ? Si, au fond, le chemin se trouve parcouru comme en restant sur place ?

C'est cette circularité, si souvent remarquée dans la *Phénoménologie de l'esprit* de Hegel, qui donne au roman son sens (sa direction) encyclopédique. Telle est l'étymologie même du terme ; une encyclopédie « fait le tour » des connaissances, des sciences. Mais l'encyclopédie de Flaubert se jette littéralement dans le puits de la science (puisque Rabelais nous en propose l'image...).

Bouvard et Pécuchet tombent dans ce puits sans fond, ils circulent dans cet amoncellement de connaissances sans jamais en maîtriser aucune, et en tentant finalement de les classer (alphabétiquement), ils sont comme perdus dans l'Absolu dont la *Phénoménologie* hégélienne prétend nous donner l'itinéraire. De la « certitude sensible » à l'Esprit Absolu, Hegel nous décrit le cheminement de l'Idée, nous trace l'histoire de la conscience qui prend conscience d'elle-même et qui, à l'issue de son parcours, doit, pour atteindre l'Absolu lui-même, refaire le chemin depuis le début pour le (re)parcourir cette fois consciente d'elle-même.

Bouvard et Pécuchet, à leur manière propre, forment un dessein inconscient comparable. Ils partent de leur « certitude sensible » à eux (leur travail de copiste), cheminent dans l'univers de la science qu'ils ne peuvent saisir et embrasser entièrement (c'est-à-dire dans le passage du théorique au pratique), puis, dans cette seconde partie inachevée du livre, reprennent l'ensemble du parcours depuis le début : ils reprennent la copie, mais cette fois, ils copient leur propre livre, en copiant les livres qui, tout au long de la première partie, leur ont servi. Ils finissent par écrire un livre avec tous les livres, ce qui revient à les supprimer tous[13]. Ils tentent de reprendre leur itinéraire, se faisant les copistes d'eux-mêmes. Et, dans ce mouvement, ils tentent de se libérer de la science. Mais, d'une façon assez hégélienne, cette libération passe par une espèce de destruction. La copie peut bien en effet être considérée comme étrangère à la science, et comme, au fond, un moyen, leur moyen, de détruire tout l'édifice précaire qu'ils avaient vainement tenté de construire. Le retour au travail de copiste prend en quelque sorte la forme de leur propre « *Aufhebung* » (conservation, suppression et dépassement).

C'est peut-être en revenant à l'exercice le plus « bête » que l'on puisse imaginer, celui de la copie, que Bouvard et Pécuchet se libèrent, ultimement, de leur bêtise.

13 On retrouve à nouveau ici le problème de Mallarmé, lui aussi tant influencé par la pensée hégélienne.

Le sens du retour à Hegel

L'histoire de l'introduction, de la pénétration, de la diffusion de la pensée hégélienne en France est tout à fait particulière, unique. Unique parce qu'il est probable qu'aucune autre pensée, parmi celles des philosophes allemands de cette période, n'ait subi, comme celle de Hegel, autant de détournements, de contournements, de vicissitudes, dans son parcours français. Aucune autre pensée n'a, non plus, provoqué autant de querelles et de polémiques, aucune n'a enduré d'aussi féroces attaques ni engendré un tel enthousiasme.

Cette histoire est pourtant soumise par avance à de nombreuses restrictions ; elle doit se contraindre à être abrégée : elle ne peut tout dire, et doit accepter des mutilations du développement historique réel. Il est impossible de parcourir à nouveau la totalité du chemin sinueux suivi par l'hégélianisme, dans son itinéraire français depuis ses origines premières jusqu'à nous – origines premières dont le contour, d'ailleurs, est mal défini et reste assez problématique.

Ce développement n'est pas monolithique ni entièrement continu ; il a progressé par étapes successives, à l'image de ces étapes du développement de la conscience décrites par Hegel lui-même, il y a maintenant deux cents ans, dans la *Phénoménologie de l'Esprit*.

Hegel n'échappe pas à l'hégélianisme ! Pas plus que l'hégélianisme ne peut échapper au mouvement de l'histoire tel que Hegel l'a décrit et expliqué.

L'histoire de la pensée hégélienne, dans son développement temporel, peut être envisagée selon un mouvement comparable à celui que Hegel accorde à l'Esprit.

Il y a, en quelque sorte, une phénoménologie de l'hégélianisme.

C'est pourquoi il m'est arrivé, en d'autres circonstances, en tentant de décrire ces processus de réception d'une doctrine, de parler d'une phénoménologie de la réception.

La longue histoire du destin français de l'œuvre de Hegel fait peser sur quiconque l'observe la lourde obligation du choix. Et un tel choix est d'autant plus difficile que la progression de l'hégélianisme, en France en particulier, a été irrégulière, incertaine, rhapsodique et ambiguë ; elle a connu des phases de régression, d'hésitation, elle a connu aussi des accélérations et des renversements parfois spectaculaires.

Dans la réédition qu'il donne en 1961 de son célèbre « Rapport sur l'état des études hégéliennes en France », au Congrès de 1930, Alexandre Koyré ajoute un « *Post-scriptum* » :

« Depuis la publication de ce rapport (1930), la situation de Hegel dans le monde a changé du tout au tout : la philosophie hégélienne a connu une véritable renaissance, ou mieux, une résurrection (...) ».

Koyré évoque plusieurs raisons à ce « retour » à Hegel auquel il a d'ailleurs lui-même participé activement. D'abord il évoque une sorte de cycle : après un retour à Kant, à Fichte, à Schelling, ce serait, en quelque sorte, naturel que s'opérât un « retour à Hegel ». Il évoque également une « accélération de l'histoire », un effet de l'époque, ou, si l'on ose le dire ainsi, un « esprit du temps » qui imposerait un recours à Hegel. Enfin, « *last but not least* » comme il dit, Koyré évoque l'émergence de la Russie soviétique.

On sait l'importance considérable, comme l'a bien montré le grand livre de Guy Planty-Bonjour, de Hegel sur la pensée russe, de 1830 à 1917. Mais, à partir des années 1920-1930, une réelle influence de l'idéologie et des études soviétiques a certainement aussi favorisé l'intérêt, dans des milieux très divers et parfois opposés, pour la philosophie hégélienne. On peut songer, entre autres, mais plus particulièrement, à Plékanov et à Lénine qui ont, en ce sens, donné une impulsion durable qui a dépassé le cadre strict de l'Union soviétique.

Ces différents facteurs ont joué, différemment, chacun à son niveau et selon des modalités très variables.

Ainsi, peu avant la Seconde Guerre mondiale, mais surtout après, peut-on observer, en France, un mouvement de retour à Hegel.

Mais une renaissance – ou une résurrection – implique une mort préalable, comme l'idée de retour implique celle de départ, et de détour, voire, en certains cas de perte. Le retour d'Ulysse n'a pu enfin avoir lieu qu'au prix de multiples aventures qui ont en elles-mêmes une signification, laquelle perte peut d'ailleurs être considérée comme relativement indépendante du retour en lui-même. En tous les cas, il a fallu d'abord perdre son chemin pour le retrouver, finalement.

Il y aurait eu, en ce qui concerne Hegel, une époque où, en France, les études de sa philosophie, de sa pensée, se seraient perdues, un moment où l'on pourrait presque les considérer comme mortes, une période où l'on se serait détourné de Hegel ou, plus encore, une étape de son histoire où l'hégélianisme aurait été détourné de son propre cours.

Or cela suppose, et c'est là un immense problème, que les doctrines philosophiques – et peut-être plus largement les idées et les œuvres – suivent un cours déterminé, suivent une voie déjà tracée !

L'évolution de l'hégélianisme, en France, tend à nous indiquer qu'il n'en va pas exactement ainsi. Avec Hegel, on peut envisager les choses tout autrement. Le cours duquel l'hégélianisme se serait détourné ne serait pas celui qui, comparable au lit d'une rivière calme et sereine, s'écoulerait immuablement selon un parcours, certes sinueux, mais naturellement imposé à l'avance. Tout coule ! Certes, mais il arrive qu'il y ait des crues et que les rivières débordent, modifiant ainsi le cours de leur propre lit. « La force des choses, disait Saint-Just, nous mène parfois là où nous n'avions pas songé. »

Hegel ne s'est pas présenté à la postérité tel qu'en lui-même l'éternité le fige !

Il faut bien que s'opère la « prodigieuse transgression de l'intérieur vers l'extérieur ».

Tout comme l'Esprit, dont Hegel évoque le parcours dans sa *Phénoménologie*, passe par une phase où il devient étranger à lui-même avant de se ressaisir en lui-même, la philosophie hégélienne, dans son processus d'extériorisation, d'objectivation, de développement historique et dans le monde de la culture française a pu, elle aussi, devenir, en quelque sorte, étrangère à elle-même : elle s'est aliénée. Et cette aliénation imposerait, alors, un « retour » sur soi.

Cela implique, entre autres, mais surtout, que, malgré les moments de rupture, nous envisagions ce parcours de la raison hégélienne dans son unité, selon le rythme même de ses transformations successives. Or, comme le dit Jacques D'Hondt, « le destin de l'hégélianisme au XXe siècle dépend pour une large part de l'embarras qu'il suscita généralement au XIXe. »[14].

Aussi peut-on découper, très artificiellement, trop schématiquement, les périodes importantes de l'histoire de l'hégélianisme selon plusieurs « modèles ».

Il y a d'abord l'enchaînement chronologique des événements de l'histoire franco-allemande depuis la mort de Hegel. Une première période s'étendrait ainsi de 1831 aux révolutions de 1848 ; puis de 1848 à la guerre de 1870 ; ensuite, de 1870 à 1914-18 ; de 1918 à 1939-45 et enfin de 1945 à nos jours.

On peut aussi choisir de suivre les dates significatives de Hegel lui-même : 1831-1870, 1870-1931, puis 1931-1970.

14 J. D'Hondt, « L'Aventure française de la raison hégélienne », dans *Les Chemins de la raison*, J. Wilke, J.-M. Gabaude et M. Vadée éd, Paris, L'Harmattan, 1997, p. 123.

C'est ce dernier découpage que nous suivrons ici[15]. Il s'arrête, à deux ans près, à la mort de Jean Hyppolite en 1968, ainsi qu'à l'année d'inscription de Hegel à l'écrit du concours d'agrégation, et également à l'année de création à Poitiers du Centre de recherche et de documentation sur Hegel et Marx.

Évidemment, ce choix ne va pas sans poser d'immenses problèmes ; il faudrait pouvoir tenir compte de tout, de toutes les scansions de cette histoire – ce que cet article ne nous permet pas.

Parmi tous les problèmes que cela pose, il y a d'abord celui, fondamental, du rapport de la philosophie à son temps et aux temps historiques en général. Et il ne faut, en ce domaine, pas oublier ni négliger les recommandations de Hegel lui-même :

« En philosophie, dit-il, il s'agit toujours du présent, du réel. Les moments que l'Esprit paraît avoir laissés derrière lui, il les possède toujours dans son actuelle profondeur. De même qu'il a passé par ces moments dans l'histoire, de même il doit les parcourir dans le présent, dans son propre concept. »[16]

Aussi peut-on, et certainement doit-on, envisager ce mouvement de la réception de Hegel en France, ces chemins de l'hégélianisme parcourus dans le passé comme autant de strates interprétatives saisissables dans leur devenir et selon leur contexte historico-social comme les présupposés théoriques toujours en jeu dans l'hégélianisme vivant.

15 Il faut noter que G. Jarczyk et P.-J. Labarrière dans leur ouvrage *De Kojève à Hegel, 150 ans de pensée hégélienne en France*, proposent une autre chronologie, assez floue, peu immédiatement intelligible. Elle s'appuie sur les dates de publication et/ou de traduction des ouvrages de Hegel : 1840-1880 ; l'année 1897, puis 1907 à 1941. Mais cette chronologie mélange un peu les publications françaises et allemandes (1907, c'est la publication par Nohl des *Écrits théologiques de jeunesse* en langue allemande). Seule une dizaine de pages de cet ouvrage est réellement consacrée à ce que le sous-titre annonce : *150 ans de pensée hégélienne en France*. En réalité, l'ouvrage porte sur trois importantes figures de l'hégélianisme au XXe siècle : A. Kojève, J. Wahl, et É. Weil. Et il s'agit moins pour Jarcyk et Labarrière de donner les éléments d'une histoire de la réception de Hegel que de commenter les commentateurs s'imposant ainsi eux-mêmes dans cette histoire à la suite de ceux-là.

16 Hegel, *La Raison dans l'histoire*, trad. K. Papaioanou, Paris, L.G.F. éd. Coll. « 10/18 », p. 215.

Le retour à Hegel a donc débuté, approximativement, et selon la chronologie adoptée, vers 1931 et s'est surtout prolongé et développé après la Seconde Guerre mondiale autour de quatre grandes figures : Alexandre Kojève, Alexandre Koyré, Jean Wahl et Jean Hyppolite – auxquels il faudrait ajouter, à partir de 1950, significativement, Éric Weil.

Mais ce « retour » n'a pas été sans engendrer quelques remue-ménage, ni sans susciter de fortes polémiques.

On ne ranime pas un mort sans provoquer de vives contestations !

Ainsi, parmi d'autres, relevons une attaque, selon nous éclairante, contre cette renaissance hégélienne en France.

Il s'agit de celle du « cercle des philosophes communistes » où l'on trouvait, derrière Roger Garaudy, entre autres les jeunes Dessanti et Althusser. Ils signent, collectivement, un article de la revue *La Nouvelle Critique* (nov. 1950) intitulé : « Le retour à Hegel, ou le dernier mot du révisionnisme universitaire ».

Cet article ne présente pas un intérêt théorique fondamental et il recèle un très grand nombre d'erreurs historiques, sa teneur générale est plutôt polémique. Mais en lui-même il est assez significatif, voire exemplaire.

Il reprend d'abord les grandes étapes de ce retour dont il dénonce le mouvement :

« L'affaire a commencé en France autour des années 30, timidement, par la thèse de Jean Wahl sur *Le Malheur de la Conscience*, le développement d'Alain sur Hegel dans *Idées* (1931), le numéro spécial de la Revue de Métaphysique et de morale (1931, articles de Hartmann, Croce). Elle s'est poursuivie par le cours de Kojève aux Hautes Études (de 1933 à 1939), cours que fréquentait une équipe semi-silencieuse alors, bien tapageuse depuis (Sartre, Merleau-Ponty, Raymond Aron, R.P. Fessard, Brice Parain, Caillois, etc.). Kojève parlait de la philosophie religieuse de Hegel, de la *Phénoménologie de l'Esprit*, de maître et d'esclave, de lutte de prestige, d'en-soi, de pour-soi, de néant, de projet, de l'essence humaine qui se révèle dans la lutte à mort et dans la transformation de l'erreur en vérité. Étranges thèses dans un monde assiégé par le fascisme ! Vint le temps de la guerre où Hyppolite fit paraître ses traductions (1939 et 1941 : *Phénoménologie de l'Esprit* ; 1940 : *Introduc-*

tion à la philosophie du droit[17]), l'après-guerre où sortirent *Genèse et Structure de la Phénoménologie de l'Esprit*, thèse d'Hyppolite (1946), *Introduction à la Lecture de Hegel* par Kojève (1947), le livre du Père Niel sur Hegel, les élucubrations du R.P. Fessard dans dix revues. Et voici maintenant la consécration : Hyppolite en Sorbonne, Hegel reconnu dans son commentateur comme un maître de la pensée bourgeoise, les commentaires dans toutes les vitrines, le « travail du négatif » dans toutes les dissertations, le maître et l'esclave dans tous les exposés, la lutte des consciences chez Jean Lacroix, nos théologiens sur la *Petite Logique*, et tout ce bruit de la jubilation universitaire et religieuse autour d'un cadavre qui reprend vie. »[18]

Un cadavre qui reprend vie !

Après que Hegel a été traité, comme Mendelsonn, d'après Lessing, avait traité Spinoza, « en chien crevé », voilà que l'on reprocherait à la philosophie universitaire de raviver sa pensée, ou de le faire renaître de ses cendres, de lui redonner vie.

Et quelle vie ! « Les commentaires dans toutes les vitrines » ...

En réalité, ces polémistes ne critiquent pas en tant que tel le « retour » à Hegel, mais ils dénoncent plutôt un détournement de sa pensée qu'ils croient déceler intentionnellement chez Jean Hyppolite en particulier. Un détournement qui se ferait dans un sens qui leur déplaît, et au profit d'une interprétation qu'ils rejettent. L'article dénonce un « révisionnisme », et l'exergue, qui cite précisément un passage d'Hyppolite, donne le ton :

« Mon but, dit Hyppolite, est surtout ici (il parlait, alors, à une séance de la *Société Française de Philosophie*) d'essayer de penser la synthèse marxiste à partir de la philosophie hégélienne... »

Ce « révisionnisme » dénoncé ici fait écho à cette attitude politique qui, au début du siècle, visait à adopter la théorie de Marx en en atténuant le caractère révolutionnaire.

17 Il y a là une erreur manifeste : ce n'est bien sûr pas Jean Hyppolite qui traduit la philosophie du droit de Hegel, mais André Kaan. Hyppolite a signé la préface de cette traduction. Mais à l'époque, en pleine occupation allemande, le texte avait paru sans nom de traducteur.

18 « Le Retour à Hegel : le dernier mot du révisionnisme universitaire », dans *La Nouvelle Critique*, 2e année, n°20, novembre 1950, p.44.

Ce qui est reproché, ici, dans ce « retour » à Hegel, dans ce qui est envisagé comme un « détournement » de Hegel, c'est d'en dénaturer le caractère révolutionnaire au profit des aspects les plus conventionnels de sa pensée.

L'époque, il est vrai, avait un certain goût pour la contradiction (peut-être comme toutes les époques...). Le paradoxe n'est pas faible ici : dans le même temps, on ne peut pas reprocher au même auteur de dénaturer le caractère révolutionnaire de la pensée hégélienne, et déceler dans la dialectique de celui-ci les prémisses de la dialectique de Marx en établissant ainsi une sorte de filiation que Marx lui-même, si l'on en croit la fameuse préface à la seconde édition du *Capital*, avait, de façon matérialiste, revendiquée.

Ce paradoxe, qui voit ici le jour, n'en est qu'à l'aube de son propre développement, et il sera bientôt porté à son zénith par Althusser lui-même ; il ne tardera pas à déclarer qu'entre Hegel et Marx, il n'y a pas de rapport !

Dans la même revue, *La Nouvelle critique*, dès le mois suivant, Henri Lefebvre, rabaissant quelque peu les ambitions de synthèse historique des jeunes polémistes, rectifiera :

« L'influence de Hegel en France a été, dit-il, bien plus complexe que ne l'indique l'article (...) ». Et il va prendre, en quelque sorte, la défense du « retour » à Hegel.

Dans un travail préparatoire à ses célèbres *Morceaux choisis* de Hegel parus en 1936, Lefebvre avait effectué une sorte d'enquête posant, aux « philosophes professionnels », la « question Hegel ».

« Les universitaires d'alors, explique Lefebvre, sauf Monsieur Jean Wahl, traitaient bien Hegel en chien crevé. »

Et pour en témoigner, Lefebvre cite un extrait inédit de la réponse à cette enquête que lui avait envoyée, à l'époque, Léon Brunschvicg :

« Ce n'est pas, dit Brunschvicg, méconnaître le génie de Hegel que d'étendre à la dialectique dans laquelle il s'est emprisonné en vieillissant le principe qui écarte comme nuisible à la liberté de la pensée réfléchie toute forme de scholastique et d'orthodoxie... Je refuse d'ériger une remarque sur la primordiale importance des obstacles et des conflits dans l'évolution des choses et des êtres en une norme d'explication qui nous permettrait d'attendre le dénouement de l'histoire sans avoir à nous orienter par nous-mêmes. La dialectique qui ramène à un seul plan les trois fonctions de l'intelligence est toujours sûre de paraître réussir dans sa marche, qu'elle se fasse sur la tête avec Hegel, qu'elle se fasse sur ses pieds avec Marx. »[19]

Un changement du tout au tout, avait dit Koyré. Ce n'est peut-être pas si sûr ! C'est toujours la dialectique qui est en jeu, et le rapport de Hegel à Marx, de l'idéalisme au matérialisme.

Alors que s'est-il passé dans les années 30 pour que Hegel surgisse ainsi dans le monde intellectuel français qui, semble-t-il, à l'instar de Léon Brunschvicg, montrait une certaine hostilité à son égard ? À côté de cette hostilité, signalons aussi l'absence – sur laquelle il y aurait beaucoup à dire – de Hegel chez Bergson. On ne trouve en effet dans l'édition de ses œuvres établies en 1959 par André Robinet, qu'une unique mention de son nom ! C'est là certainement une marque significative chez l'immense penseur qui dominait, alors la scène philosophique française.

Pour saisir, me semble-t-il, ce qui s'est alors passé, il convient de ne pas dédaigner, ni de négliger ce que Jacques d'Hondt appelle la « réception profane » de l'œuvre et de la pensée de Hegel. Décisive pour saisir la pénétration hégélienne en France au XIXe siècle, cette réception profane s'est encore accrue dans la première moitié du XXe, rendant son rôle fondamental.

Henri Lefebvre indique que, entre 1831 et 1870, dans ce que l'on pourrait appeler « l'ère cousinienne » de l'Université française, un « Hegel émasculé, patron de l'éclectisme ou d'un vague évolutionnisme, était fortement recommandé aux professeurs de philosophie. »

Quoi que cela ne soit pas entièrement faux, c'est évidemment très imprécis, et surtout, cela ne rend pas compte de la complexité de la situation de l'hégélianisme à l'époque de Cousin. Comme j'ai tenté de le montrer[20], Hegel fut alors également revendiqué, par Eugène Lerminier par exemple, pour

19 Henri Lefebvre, « Lettre sur Hegel », dans *La Nouvelle critique*, 3e année, n°22, janvier 1951, p. 100.

20 Éric Puisais, *La Naissance de l'hégélianisme français*, Paris, L'Harmattan, 2002.

s'opposer à Victor Cousin, il fut l'enjeu de débats divers et fut diversement reçu et interprété.

Lefebvre s'avance également trop rapidement en affirmant qu'alors Hegel servit d'instrument théorique pour « justifier l'État de la Restauration et de l'Empire et que, une fois cette fonction accomplie [il] disparaît de la scène ». Ce fut beaucoup plus une accusation portée contre Hegel par les ennemis de la Restauration qu'une instrumentalisation théorique de ses adorateurs ; ceux-là se méfiaient aussi de Hegel ! En critiquant ainsi Hegel, on cherchait à faire retomber la critique sur les théoriciens réels de cette Restauration que l'on combattait.

On ne peut pas affirmer, comme le fait l'auteur, que Hegel servit à la réconciliation du christianisme et du rationalisme. Il n'est, pour s'en convaincre, qu'à mentionner l'article « Panthéisme » rédigé par Charles Renouvier, pour l'*Encyclopédie nouvelle* de Pierre Leroux ; un jeune Renouvier moins tenté par l'hégélianisme qu'on a tendance à le croire souvent :

« Mais le système d'Hegel, qui a dominé l'Allemagne intellectuelle, et que Kant aurait amèrement déploré s'il avait pu en prévoir les suites, a tellement soulevé de terre et jeté dans l'infini l'esprit théologique et métaphysique des penseurs allemands ; il a tellement remplacé pour eux les réalités par des symboles, les êtres par des points de vues, il a si bien sapé l'idée morale de la personne divine, que d'une école théocratique nous voyons surgir aujourd'hui, sans étonnement, une secte exaltée d'athées et de matérialistes à qui la vie réelle et la liberté semblent compromises s'il l'on admet un Dieu au Ciel, et la raison perdue si l'on a la folie d'y croire longtemps encore. »[21]

Renouvier écrit ces lignes l'année où Marx arrive à Paris : en 1843 !

Après 1870, Hegel put avoir une autre fonction que j'ai appelée le « calque hégélien »[22].

En effet, à cette période, chez des auteurs comme Émile Beaussire ou Elme Marie Caro, l'hégélianisme possède une

21 Charles Renouvier, « Panthéisme » dans l'*Encyclopédie Nouvelle*, Paris : librairie Charles Gosselin éditeur, 1843, pp. 275 col. 1 à 288 col. 2. La citation sur Hegel, p. 279, col. 2.

22 Cf. pp.75-88.

fonction d'évitement. Hegel sert à éviter Marx, et l'on va donc calquer sur Marx le schéma de la critique contre Hegel, ou, si l'on veut, ne mentionnant pas encore un Marx qui n'a pas atteint la notoriété, on utilise le calque hégélien pour élaborer la critique de l'aspect dialectique du socialisme – la querelle du révisionnisme en conservera quelques résidus.

Hegel possède, alors, un double avantage. D'un côté, il sert à alimenter l'anti-germanisme français de l'après-guerre de 1870, et d'autre part, il est rejeté selon le double motif de la réaction et de la révolution, toutes deux aussi dangereuses aux yeux de la IIIe République naissante.

L'assimilation de l'anti-germanisme et d'un anti-hégélianisme est particulièrement évidente dans l'article qu'Émile Beaussire, consacre au « Centenaire de Hegel » dans la *Revue des deux mondes*. Le philosophe allemand y est qualifié de « prophète de Bismarck » ![23]

Caro, dans une livraison de la même revue, et la même année, ajoutera cependant une nuance : il y aurait, selon lui, « deux Allemagne ». L'une, douce et sereine, calme et studieuse, l'Allemagne de Kant et de Goethe, a été jadis présentée à la France par Germaine de Staël. Et il existe une autre Allemagne, belliqueuse et autoritaire, que l'on connaît par Henri Heine : l'Allemagne de Hegel !

Dans ce contexte de la jeune IIIe République, Hegel concentrera en lui les craintes les plus grandes du républicanisme modéré que représente bien, alors, le Renouvier de *La Philosophie analytique de l'Histoire* ou de la revue la *Critique philosophique*.

D'un côté, Hegel représente l'autorité, la justification de cette Prusse qui vient d'enlever à la France deux de ses provinces, ce pays des milliards et son impérialisme brutal.

De l'autre côté, Hegel incarne aussi le danger révolutionnaire, la tentation dialectique du socialisme.

Ce dernier aspect est représenté d'une façon qu'aujourd'hui on trouve tout à fait stupéfiante dans le texte de Maurice Barrès : *De Hegel aux Cantines du Nord*.

23 Cf. pp. 89-99.

« À Roubaix, à Vierzon, à Carmaux, à Rives-du-Giers, dans les plus tristes cantines du Borinage, parfois en écoutant, le soir, un prêche socialiste, à telle phrase de l'orateur et sur sa méthode historique, nous reconnûmes des fragments et la dialectique même du professeur d'Iéna »[24]

C'est là un étrange parcours qui conduit l'hégélianisme à l'aube du XXe siècle. Il faudrait, pour le restituer dans toute sa complexité, évoquer bien d'autres itinéraires possibles, il faudrait parler du Père Gratry, commenter l'article de Lucien Herr de la *Grande Encyclopédie* et analyser le rôle décisif de ce bibliothécaire sur les jeunes normaliens. Il faudrait aussi suivre un autre chemin important : cclui de Hegel dans la littérature française.

Depuis Flaubert citant presque mot à mot dans *Bouvard et Pécuchet* l'*Introduction à la philosophie de Hegel* de Vera ou commentant longuement dans ses notes personnelles la traduction Bénard de l'*Esthétique,* jusqu'à André Breton faisant paraître, en 1931, un numéro consacré à Hegel de sa revue *Le Surréalisme au service de la révolution* – références, qui, de manière là encore très significatives, ne figurent pas dans la pourtant précieuse *Bibliographie* de Hegel de Kurt Steinhauer.

Sous un portrait au crayon du philosophe, Breton écrit ces lignes :

« Tandis qu'en Italie les fascistes se prévalent de l'idéalisme absolu pour justifier la violence réactionnaire et légitimer (loi Gentile) l'enseignement dans les écoles primaires de la religion catholique, tandis qu'en Allemagne les socialistes accueillent les fascistes au Congrès hégélien de 1931, dont l'entrée est interdite aux savants soviétiques – la bourgeoisie française, au mépris de tous les devoirs culturels qu'elle prétend assumer, trouve plus simple de mettre les œuvres de Hegel hors de la portée de tous ceux dont elle ne s'est pas assurée le contrôle par l'argent. Elle parvient ainsi à cacher aux révolutionnaires l'origine même de la dialectique ; elle les réduit à ne pouvoir comprendre que partiellement Marx, Engels et Lénine, puis-

24 Maurice Barrès, *De Hegel aux cantines du Nord*, éd. De 1904, pp. 15-16.

qu'elle leur interdit de parcourir par eux-mêmes l'étape fondamentale de leur pensée. »

Cette fois, nous saisissons mieux en quoi a pu s'opérer, selon Koyré, un changement « du tout au tout ». C'est en effet un renversement complet !

En 1931, Breton reproche à la philosophie bourgeoise et universitaire de ne pas fournir les moyens de la compréhension du marxisme en fermant l'accès à cette étape fondamentale du développement de la pensée dialectique que représente Hegel. En 1950, des philosophes marxistes reprochent à cette même philosophie bourgeoise de le faire ! Ils lui reprochent de « capturer » Hegel en essayant de penser à partir de lui la synthèse marxiste, de faire de Hegel une « étape fondamentale » du développement de la pensée de Marx !

Que s'est-il passé entre ces deux moments pour qu'un tel revirement ait pu s'opérer ainsi ? Qu'est-ce qui a bien pu changer dans l'hégélianisme ?

À vrai dire, ce n'est pas vraiment Hegel qui a changé !

Bien sûr on a pu avoir, dès lors, une meilleure connaissance de son œuvre, plus précise, mieux documentée. En ce sens, la publication, en 1907, des *Fragments théologiques de jeunesse* par Nohl a eu un grand rôle. Mais, en elle-même, la doctrine reste inchangée, sa connaissance s'est seulement affinée, précisée, rectifiée en certains points.

Ce qui a changé, c'est la France elle-même ; ce n'est pas tant l'élément qui est reçu, mais, si l'on ose le dire ainsi, le réceptacle !

L'esprit français a changé, sa manière de considérer l'histoire de la philosophie, et même son attitude générale à l'égard du passé.

Ira-t-on jusqu'à déceler en cela une « coupure épistémologique » ? Ce serait certainement très exagéré ; mais il faut bien dire que la bienveillance dont on a fait preuve à l'égard de Hegel après la Seconde Guerre mondiale, et malgré beaucoup de réticences qui se maintiennent parfois encore aujourd'hui, rompt avec le mépris dont on le traitait auparavant.

Il serait imprudent de parler en cela de coupure trop radicale – le mouvement a été initié avant, et il a fallu qu'il parte de son propre passé pour se développer. Ne poussons pas le thème de la rupture jusqu'à l'idéologie !

Mais il faut bien constater une profonde mutation épistémologique dans la pensée française du XXe siècle.

Peut-être peut-on l'imputer, en partie, mais en partie seulement, à l'échec du rationalisme classique français. Les esprits se sont alors tournés, retournés – ce serait un sens à donner au « retour » – vers des pensées plus « irrationalistes » : Nietzsche ou Schopenhauer, et surtout vers une philosophie où l'on considérait la vie et l'existence comme primordiales, comme chez Kierkegaard, sous l'influence, précisément, de Jean Wahl qui le fait connaître à la France à cette époque également.

Plus que vers un irrationalisme en tant que tel, c'est vers les philosophies de l'existence et de la vie, vers les pensées du mouvement, du devenir que s'est retournée cette jeune génération de philosophes dès les années 30.

N'était-ce pas Merleau-Ponty, l'ami intime de Jean Hyppolite, qui, à propos d'une de ses conférences, déclarait, en 1947, faisant une fois de plus usage de cette langue dans laquelle il s'exprimait si admirablement : « Hegel est à l'origine de tout ce qui s'est fait de grand en philosophie depuis un siècle – par exemple du marxisme, de Nietzsche, de la phénoménologie et de l'existentialisme allemand, de la psychanalyse ; il inaugure la tentative pour explorer l'irrationnel et l'intégrer à une raison élargie qui reste la tâche de notre siècle. »[25]

Les *Écrits de jeunesse* alors récemment publiés par Nohl présentent un jeune Hegel encore inconnu et qui répond mieux que le vieux philosophe de Berlin à ses aspirations : il est séduisant, se présente comme un penseur vivant, mais aussi un peu énigmatique, et cet aspect mystérieux y est aussi certainement pour quelque chose dans l'attrait qu'il suscita alors.

Jean Hyppolite résume parfaitement cela dans la conférence qu'il donnait sur « Hegel et Kierkegaard ». Il évoque à ce sujet ses débuts du « retour » à Hegel, et son verbe manifeste l'enthousiasme qui menait alors ces jeunes gens :

« Nous redécouvrions Hegel, mais le Hegel de jeunesse (...). Nous reprenions Hegel, non par l'*Encyclopédie* ou le système

25 M. Merleau-Ponty, « L'existentialisme chez Hegel », dans *Sens et non-sens*, Paris, Nagel, 1963, p. 109.

des systèmes (...), mais par l'itinéraire de jeunesse, le voyage de découverte de Hegel. Nous allions repenser en France Hegel, en le confrontant à Feuerbach, à Marx, à Nietzsche, à Kierkegaard, et, chose étrange, nous trouvions dans ses premières œuvres une possibilité de le comprendre autrement que comme le professeur des professeurs et le faiseur de système (...). Ainsi nous avons trouvé parfois que Hegel était déjà kierkegaardien avant de devenir systématique et que Kierkegaard était encore hégélien même en substituant le paradoxe à la méditation, car il avait pris au sérieux « le travail du négatif », ce qu'exigeait Hegel, et nous nous demandions même si Kierkegaard n'avait pas sa place dans l'itinéraire hégélien, celle de la conscience malheureuse ou de la belle âme. »[26]

À nouveau, dans un article sur l'*Existence dans la Phénoménologie*, paru en 1946, Jean Hyppolite débute par un rapprochement avec Kierkegaard. C'est à propos de cette conférence que Merleau-Ponty déclarera : « Jean Hyppolite avait l'extrême intérêt d'amorcer, en ce qui concerne l'existentialisme, cette traduction en langage hégélien qui éclairait les discussions de notre temps. »[27]

Récemment encore, dans une exagération hyperbolique toute française, un article portant sur les « jeunes hégéliens » dans l'*Encyclopædia Universalis* classe même Kierkegaard parmi les jeunes hégéliens, aux côtés de Marx !

Cette thématique donnera à l'interprétation de Hegel ce sens existentialiste, insistant sur certains aspects plus privilégiés de la doctrine : la conscience malheureuse, la belle âme, le maître et l'esclave, et surtout l'enthousiasme et la vie de la jeunesse de Hegel. Il fallait reprendre, dans un mouvement qu'avait indiqué la *Phénoménologie* elle-même, le voyage depuis le début.

Cette réception, dont nous qualifiions le mouvement de « phénoménologique » au début de cet article, s'effectue bien à l'image de la vie de Hegel, selon un itinéraire géographique. N'est-ce pas d'ailleurs, précisément, un géographe allemand, Lambert, qui inventa le terme même de phénoménologie ?

26 Jean Hyppolite, « Hegel et Kierkegaard », dans *Figures de la pensée philosophiques*, Paris, PUF, coll. » Quadrige », t. I., pp. 197-198.

27 M. Merleau-Ponty, *op.cit.*, p. 110.

Il fallait donc en revenir au début, à la période de jeunesse du philosophe. Merleau-Ponty, une fois encore, le dit avec clarté : « si le Hegel de 1827 est sujet au reproche d'idéalisme, on n'en peut dire autant du Hegel de 1807. »

Le premier article d'Hyppolite – si l'on excepte une conférence prononcée à Limoges sur l'esthétique de Paul Claudel – était un compte-rendu dans la *Revue de Métaphysique* en 1935 sur les travaux de jeunesse de Hegel, suivi l'année d'après, de son célèbre « *Vie et prise de conscience de la vie dans la philosophie hégélienne de Iéna* ».

Il fallait en passer par ce qu'il y a de vivant chez Hegel pour permettre à ce qui semblait alors le plus mort de renaître.

Ce qui est vivant et ce qui est mort dans la philosophie de Hegel ne l'est jamais vraiment de toute éternité ! Certains aspects d'une œuvre peuvent, périodiquement, reprendre vie, renaître, d'autres aspects, au contraire, selon les exigences sociales, religieuses, culturelles du moment, peuvent en quelque sorte tomber en désuétude, et même, parfois, sembler morts !

Ce mouvement s'est poursuivi, et, comme on ne peut jamais prévoir l'avenir, mais qu'on se plaît parfois à l'imaginer, il faut malgré tout reconnaître que Hegel lui-même n'aurait pas pu imaginer, par avance, quel destin particulier, formidable, attendait, dans un pays qu'il avait tant aimé et admiré, son œuvre et sa pensée.

Ruse de la raison ou juste retour ? Hegel, le francophile acharné, convaincu, dut attendre cent cinquante ans après sa mort pour que naisse, sous l'impulsion de Jean Hyppolite, une « École hégélienne française ».

Table des matières

L'HARMATTAN, ITALIA
Via Degli Artisti 15; 10124 Torino

L'HARMATTAN HONGRIE
Könyvesbolt ; Kossuth L. u. 14-16
1053 Budapest

ESPACE L'HARMATTAN KINSHASA
Faculté des Sciences sociales,
politiques et administratives
BP243, KIN XI
Université de Kinshasa

L'HARMATTAN CONGO
67, av. E. P. Lumumba
Bât. – Congo Pharmacie (Bib. Nat.)
BP2874 Brazzaville
harmattan.congo@yahoo.fr

L'HARMATTAN GUINÉE
Almamya Rue KA 028, en face du restaurant Le Cèdre
OKB agency BP 3470 Conakry
(00224) 60 20 85 08
harmattanguinee@yahoo.fr

L'HARMATTAN CAMEROUN
BP 11486
Face à la SNI, immeuble Don Bosco
Yaoundé
(00237) 99 76 61 66
harmattancam@yahoo.fr

L'HARMATTAN CÔTE D'IVOIRE
Résidence Karl / cité des arts
Abidjan-Cocody 03 BP 1588 Abidjan 03
(00225) 05 77 87 31
etien_nda@yahoo.fr

L'HARMATTAN MAURITANIE
Espace El Kettab du livre francophone
N° 472 avenue du Palais des Congrès
BP 316 Nouakchott
(00222) 63 25 980

L'HARMATTAN SÉNÉGAL
« Villa Rose », rue de Diourbel X G, Point E
BP 45034 Dakar FANN
(00221) 33 825 98 58 / 77 242 25 08
senharmattan@gmail.com

L'HARMATTAN TOGO
1771, Bd du 13 janvier
BP 414 Lomé
Tél : 00 228 2201792
gerry@taama.net

Achevé d'imprimer par Corlet Numérique - 14110 Condé-sur-Noireau
N° d'Imprimeur : 92157 - Dépôt légal : novembre 2012 - *Imprimé en France*